꼴 보기 싫은

상 사 와

그 럭 저 럭

잘

지

내

는

법

꼴 보기 싫은 상사와

그럭저럭

잘 지내는 법

안 우 광

yeon doo

차례

"열심히 일하는 당신, 상사와 주파수는 맞추고 있나요?"

이 글을 쓰는 나는 오늘도 상사의 사무실에서 장시간 회의하고 나왔다. 새로운 상사와는 항상 어렵다. 직장 생활 34년 차인데도 그동안 여러 유형의 상사와 일해왔기에 새 상사를 만나면 어떻게 대응하는 것이 최선인지 알려주는 데이터베이스(수많은 시행착오를 통해 얻은)가 머리에 구축되어 있기는 하다. 하지만 이런 경험이 매번 정답을 제시하진 못한다. 십인십색이라고 사람 성격과 스타일이 워낙 다양하기 때문이다. 더구나 상사의 경험과 전문성, 그리고 조직 문화 등 여러 변수가 영향을 미치므로 백이면 백 다를 수밖에 없다.

김 대리가 속한 부서는 인사 이동으로 새로운 박 부장을 맞이했다. 그의 업무 방식에 적응하느라 모두 긴장하고 있다. 김 대리는 한 달 정도 박 부장과 부대끼면서 그의 성격과 업무 태도가 자기와 왠지 유사하고 잘 맞는 것 같아 내심 안도한다. 하지만 아뿔싸! 까다로운 고난도 프로젝트를 추진하게 된 김 대리가 박 부장에게 자주 업무를 보고하면서부터 단단한 장벽에 부딪히는 느낌을 받는다. 이상한데? 나랑 비슷한 스타일인 줄 알았는데 엇나가는 이 느낌은 뭐지? 예상하지 못한 상사의 반응과 태도에 당황하기도 한다. 상사와의 궁합 호락호락하지 않다.

'상사'라는 단어 이미지는 복잡 미묘한 애증을 불러일으킨다. 내게 매우 중요한 사람, 매일 얼굴 마주하는 사람, 그러나 왠지 싫은 사람, 가까이하기엔 부담되는 이미지다. 각종 기관에서 직장인 퇴직 사유를 조사할 때마다 주요 원인 1~2위에 오르는 것이 '상사와의 관계'다. 그만큼 직장인들이 피해갈 수 없는 중요한 인간관계이면서도 풀기 힘든 숙제다.

상사는 내게 인사권을 행사하고, 업무 역할을 부여하며 권한을 나눠주고 나를 평가하는 존재다. 따라서 상사와 좋은 관계를 구축하고 그로부터 인정받는 것이 직장인에겐 필수적이다. 그런데 이게 마음대로 되지 않는다. 열심히 일하고 나름대로 최선을 다하고 있는데 상사는 나를 인정하지 않는 것 같다. 뭐가 문제일까?

과장 초임 시절, 나는 새로운 회사로 이직하여 새 팀장과 일을 막 시작했다. L 팀장이 내게 처음 지시한 업무는 회사 해외법인 관리규정(안)을 만들라는 것이었다. 그런데 금요일 오전에 그 일을 주면서 다음 주 월요일까지 보고하라고 했다. 업무 내용으로 볼 때 도저히 그 기간에 할 수 없는 일이었지만, 나는 월요일까지 보고하겠다고 답했다. "L 팀장이 내 능력에 대해 테스트도 하고 군기도 잡으려고 무리한 지시를 하는군." 속으로 생각했다. 내 능력을 제대로 보여주자는 생각으로 주말 동안 열심히 작업하여 월요일에 1차 초안을 보고했다.

초안이었지만 주요 대기업 사례까지 비교 분석한 나름 충실한 보고서였다(내 생각에). L 팀장의 격려와 칭찬을 기대했다. 그러나 의외의 반응이 터져나왔다. 보고서 내용에 관한 얘기는 한마디도 없이 문서 작성법이 글러 먹었다는 것이다. 리포트 양식과 문장 간격이 잘못되었다고 지적하는데 뭐가 잘못된 것인지 이해할 수 없었다. 그도 그럴 것이 전 직장에서 사용하던 표준 양식을 준수해서 썼기 때문이다. 새 직장 양식은 달랐다. L 팀장의 군기 잡기가 기가 막혔지만, 문서 양식을 회사 버전에 맞추지 못한 것은 내 실수였다. 다시 수정하여 재보고를 했다. 이번에는 내용에 대해 지적하는데 그 논리가 또 수긍하기 어려웠다. 결국 상사 성격과 의도를 전혀 모르던 나는 수차례 수정 보고를 해야만 했다. 새 상사에게 적응하는 험난한 여정의 시작이었다.

이 책은 부하직원이 상사를 어떻게 다룰 것인가에 관해 이야기하고 있다. '상사 관리'라고도 한다. 상사를 다룬다고 하니 듣는 상사들은 기분 나쁠 수 있다. 하지만 오해는 마시라. 내용의 핵심은 부하직원과 상사가 모두 승리^{Win Win}하는 방향으로 쾌속 항진하기 위함이니까.

우리는 상사와 형, 동생하면서 지낼 필요까지는 없지만 상사가 싫다고 사직서를 던질 필요도 없다. 상사와 적당한 거리를 유지하면서 업무적으로 인정도 받고 회사도 그럭저럭 잘 다니는 방법에 대해 알아본다.

부하직원들은 상사와의 관계에서 부지불식간 자기는 '을'이라고 생각한다. 수직적 상하 관계로 표현되는 조직도에 익숙해져 무의식적으로 상사는 '갑', 부하직원은 '을'이라 여긴다. 윗선으로부터 지시받아 일하는 존재라고 스스로 세뇌된다. 이건 분명 사실이 아니다! 우리는 상사가 부하직원에게 얼마나 많이 의존하는지 알아야 한다. 상사의 성공은 온전히 부하직원들이 어떻게 하느냐에 달려 있기 때문이다. 이걸 간파한 부하직원이라면 상사의 성공에 영향을 미치는 역할을 하려고 한다. 영향력 있는 존재가 되는 것이다! 상사가 무엇을 필요로 하는지 알고 그를 만족시키는 부하직원은 상사와 대등한 관계를 구축할 수 있다. 상사에게 인정받을 수 있다.

상사를 알아가는 여행에 여러분을 초대한다. 여행이 끝날 때쯤 여러분은 상사에게 인정받으면서 함께 살아가는 방법에 대한 실마리를 얻을 것이다.

1장 | 나도 일 잘하고 싶다

저성장 국면에 진입한 한국은 매년 2% 초반의 낮은 경제 성장률을 보여왔다. 코로나 사태 이전 얘기다. 전 세계가 코로나 국면에서 헤어 나오지 못하는 요즘(2021년 1월), 대부분 국가의 성장률은 마이너스로 곤두박질치고 있다. 이제 2%대 성장률을 달성하는 국가가 있다면 엄청난 뉴스거리가 될 것이다. 기업들은 과거처럼 과감한 신사업 투자와 사업 확장을 추구하지 않는다. AI와 빅데이터 등 4차 산업혁명과 연관된 산업에서는 투자와 성장이 활발하지만, 그 외 산업에선 기업들이 과거처럼 많은 노동 인력을 필요로 하지 않는다. 이런 현상은 양질의 일자리 증가를 어렵게 만든다. 청년들이 입사하기는 하늘의 별 따기가 됐고, 장기 근속은 어려워지고 있다. 직장인이라는 신분 자체만으로도 가히 자부심을 가질 만하다. 일터에 가서 할 일이 있는 사람들은 부러움의 대상이기도 하다. 그런데 출근 시간 지하철에서 만나는 직장인들의 얼굴은 그리 밝아 보이지 않는다. 우리나라 경제 동력을 책임지는 수많은 직장인이 매일 밝게 출근하면 좋겠다.

'일을 잘한다.'라는 건 어떤 의미일까? 어떻게 해야 일을 잘하는 것일까? 답을 말하자면 상사로부터 인정받는 것이 일 잘하는 요체다. 조직에서는 상사가 인정해주지 않으면 소용없기 때문이다. 열심히 일하면서도 상사로부터 인정받지 못하는 직장인이 의외로 많다.

'일 잘하는 사람'이라고 하면 우리는 업무 지식과 경험을 많이 보유한 사람을 떠올린다. 업무 목표를 잘 달성하고 성과를 내는 직원, 유연한 대인관계와 고객 만족 능력이 있는 사람을 생각한다. 맞는 말이다. 그래서 직장인들은 이런 부분에서 동료보다 두각을 나타내기 위해 노력한다. 직장인이라면 당연한 태도다. 그런데 이상한 점이 하나 있다. 이런 부분들에 대해서는 민감하게 반응하면서도 정작 자기를 평가하는 상사가 무슨 생각을 하고 있는지는 무신경한 사람이 많다는 점이다. 의아하지 않은가?

아마도 '상사'라고 하면 멀리하고 싶은 존재, 부담되고 싶은 존재로 여겨서 그런 게 아닐까? 언젠가 직장 다니는 딸이 했던 말이 생각난다. "아빠, 부하직원들은 상사라면 그냥 다 싫어 해. 꼴 보기 싫은 상사가 대부분이지. 막 존경하거나 좋아하고 그런 건 거의 없어." 이렇게 말하고 내 눈치를 살폈다. 아빠는 회사에서 잘하고 있냐고 묻는 듯했다.

부하직원 역할을 오래해온 나도 딸의 말에 동의한다. 좋아하는 상사가 내 앞에 짠 하고 나타나는 경우는 거의 없다. 그렇다. 직장인은 대부분 싫은 상사, 미운 상사들과 일하고 있을 것이다. 그렇기 때문에 역설적으로 좀 불편하더라도 상사에 대한 이야기를 해야만 한다.

김 대리가 어떤 업무에 대해서 전문 지식이 풍부하고 경험이 많다고 가정해보자. 성과도 잘 내고 있다. 그의 상사는 김 대리가 생각하는 만큼 그를 인정하고 있을까? 김 대리가 이룬 성과는 상사 관점에서 보면 우선순위가 떨어지거나 덜 중요한 업무일 수도 있다. 상사는 그가 한 일을 비중 있게 여기지 않을 수 있다. 내년 초 그에 대한 평가는 생각보다 나쁘게 나올 가능성이 있다. 그때 가서 회사와 상사를 비난하게 될지도 모른다. 하지만 스스로 상사 관점에서 생각해보면서 일했는지 돌아볼 필요가 있다.

눈치코치 없는 편인 나는 상사 마음을 헤아리며 일하는 데 약했다. 반면 타고날 때부터 상대방 마음을 꿰뚫어 보는 능력이 탑재된 사람들도 있다. 선천적 능력이 거의 없는 사람들은 의식적인 깨달음의 과정과 훈련이 좀 필요하다.

매사에 눈치 없는 편이던 나는 팀장이 되고야 상사 관점에서 생각하는 습관이 생긴 것 같다. 돌이켜보면 팀장 진급이 제때 된 것도 운이 좋았다. 나는 상사가 인도네시아 시장 진출에 관심이 있을 때 베트남 시장조사를 했다. 기획 보고서를 쓸 때도 그랬다. 상사는 A 방향을 생각하면서 일을 준 것인데 그걸 감지하지 못했다. 다른 회사의 좋은 제도들을 벤치마킹해 B 방향으로 보고했다. 'B 방향'은 내겐 진실과도 같은 것이어서 상사의 의도 따윈 필요 없었다. 상사는 이것저것 지적하며 수정을 지시했다. 나는 상사 지시대로 충실히 수정해서 다시 보고했다. B 방향으로. 또 수정 지시가 내려왔다. 나중에야 상사 의도를 알아차렸다. 상사 중에는 본인 의도를 직원에게 미리 알려주는 상사도 있지만, 자기 의견을 먼저 드러내지 않는 상사도 있다. 동료

중에는 상사 생각과 의도를 빠르게 알아차리고 잘 대처하는 친구들이 있었다. 그들을 보면서 내 부족한 면을 알게 됐다. 그때부터 조금씩 내 생각과 태도를 보완하려 노력했다. "지금 상사는 무얼 원하고 있을까? 상사는 어떤 생각을 하는 걸까?" 질문을 던지기 시작했다.

상사가 고민거리가 있을 때 먼저 해결책을 마련해서 제시하는 동료도 있었다. 내가 베트남 시장조사를 할 때 그 친구는 인도네시아 자회사 설립 방안을 보고하고 상사와 인도네시아 출장을 갔다. 상사의 의도에 무조건 맞추고 아부를 하자는 건 아니다. 오해가 없기를 바란다. 상사가 틀린 방향으로 일을 추진해도 항상 상사 편을 들자는 건 아니다. 직장인들이 의외로 상사 관점에서 생각하지 않는 경향이 있으며 이를 조금만 개선하면 의외로 편해진다는 것을 말하는 것이다. 열심히 일하고도 상사로부터 인정받지 못해 고생하는 일은 없어야 한다.

회사마다 매년 인사를 평가한다. 이때 직원들에게 자기평가를 하게하는 회사도 많다. 그리고 자기평가 결과를 상사의 평가와 비교하는 과정을 거치는데 상사 평가와 본인 평가가 현저히 다른 경우가 자주발생한다. 갈등의 불씨가 되는 이런 결과는 상사와 부하직원 간 생각의 틈이 크다는 걸 보여준다. 여러분도 동감하시리라. 그런데 상사와부하직원 간 생각이 서로 다르다면 누구의 의견이 채택될까? 상사 의견이다. 조직에서는 경영진과 가까운 거리에 있고 의사 결정 중심에 있는 상사 의견을 부하직원 생각보다 우선시한다. 부하직원으로서상사 관점과 처지에서 생각하는 데 익숙해져야 하는 이유다.

요즘은 일 잘하기 위한 각종 지침서, 자기계발 도서들이 넘쳐난다. 기획서 작성법, 프레젠테이션 잘하는 법, 대화법 등. 학습을 통해 이런 소양들을 갖춘다면 여러분은 '일 잘하기' 위한 필요조건을 갖추게 된다. 하지만 필요충분조건은 아니다. 필요충분조건이 되려면 상사가 인정을 해줘야 한다. 파워포인트를 잘 작성한다고 스스로 자부하는 것은 중요하지 않다. 부하직원의 파워포인트 능력을 상사가 인지하고 인정해주는 과정이 필요하다.

회사는 여러 사람이 모여 공동 목표를 달성하기 위해서 함께 일하는 곳이다. 나 자신이 일 잘한다고 느끼는 것은 의미가 없다. 상사가 나(내 능력, 태도, 역량 등)에 대해 어떻게 인지recognition하고 있느냐가 오직 '사실fact'일 뿐이다. 내 생각은 조직에서 '사실'이 아니고 '소수 의견'이다.

"아, 꼰대 상사 얼굴도 보기 싫다." 이직을 희망하는 직장인 이직 사유 조사 결과, 상사와 불화나 갈등 때문이라는 조사 결과가 상위 1~2위로 나오곤 한다. 취업 포털 커리어의 직장인 설문 조사에서 "직장 생활을 하면서 화병을 앓아본 적이 있는가?"라는 질문에 약 80%가 "예"라고 답했으며, 그 원인 1위는 직장 내 인간관계 갈등 때문(52%)이라고 했다. 이러한 갈등의 상당 부분은 상사와의 관계 때문일 것이다. 부하직원들은 상사를 무의식적으로 외면하는 경향이 있다. 자기도 모르게 상사를 멀리하고 상사에 대해 알려고 하지 않는다.

하지만 적을 알고 나를 알아야 전쟁에서 승리하지 않던가? 상사가 적은 아니지만, 회사 생활을 편하게 하려면 상사에 대해서 알아야 한다. 상사를 좋아하느냐, 싫어하느냐의 문제가 아니다. 혹시 상사를 무조건 피하거나 그를 관찰하려는 의지를 접고 있는 건 아닌지 돌아보자. "상사를 알고 나를 알면 회사에서 승리한다."

상사를 알아가기 위한 첫 단계로 먼저 직장 상사의 심리 상태를 들여다보자. 여러분 직속 상사나 직속 상사의 상사(차상급상사)를 떠올리면서 읽으면 이해가 빠를 것이다. 현장에서 우리가 느끼는 상사들의 심리상태를 정리해 본다.

1. 상사는 급하고 참을성이 없다.

회사에서는 여러 가지 일이 동시다발로 발생한다. 업무 마감에 항상 쫓긴다. 상사의 마음은 급하게 마련이다. 더구나 마감을 못 지키면 부하직원이 책임지는 것이 아니라 상사가 책임을 져야 한다.

2. 상사의 신경은 늘 날카로운 편이다.

상사는 성과에 쫓기고 목표에 압박감을 느낀다. 월간 업무 회의는 목표 달성도를 공개하는 자아비판 자리와 같다. 회의가 있는 날이면 상사는 전날부터 잠을 설치고 당일 아침에는 가슴이 두근거린다. 신경이 곤두선 상사는 부하직원에게 날카로운 모습을 보일 수 있다. 상사가 날 선 말을 던진다고 해서 너무 낙담할 필요는 없다.

3. 상사는 지나치게 꼼꼼하다.

회사에서는 잘못된 숫자 하나, 보고서 문구 하나 때문에 경영진의 상사에 대한 평가(또는 해당 팀에 대한 평가)가 좌지우지될 수 있다. 그러다 보니 상사들은 지나치게 꼼꼼해진다. 부하직원으로서는 "업무의 맥을 짚는 게 중요한데 우리 상사는 너무 세세한 부분에 신경 써."라며 불평할 수 있다. 하지만 세세한 부분도 중요하다. 가격 입찰하는데 금액에 '0'을 하나 빼 먹어서 떨어진다든지, 발주처가 요구하는 서류 제출을 빠트려 탈락되는 일이 벌어진다.

4. 상사는 내가 모르는 걸 많이 알고 있다.

상사는 산전수전 겪으며 많은 경험을 쌓았다. 잘은 모르겠지만 뭔가 강점도 보유하고 있다. 그래서 나보다 높게 진급한 것이다. 전문성이나 스펙에서 나보다 못한 상사라고 대놓고 무시하면 안 된다. 내가 모르는 걸 상사는 안다. 지금 당신이 하는 일과 행동은 상사가 다 해본 것들이다. 당신이 작성한 보고서와 유사한 문서를 상사는 수백 번 작성했을 것이다.

5. 상사의 레이더는 항상 돌아간다.

상사는 안 보고 있는 것 같지만 부하직원들의 행동을 관찰하고 있다. 물리적으로 상사 시야에서 벗어나서 일하는 때도 많다. 하지만 조직에서 책임을 지는 사람으로서 상사는 부하직원의 업무 처리, 태도, 동료와의 관계 등을 지켜보고 있다.

6. 상사는 외롭다.

직급이 올라갈수록 동료 숫자가 줄어들고 허심탄회하게 이야기할 사람은 적어진다. 상사가 회사 어려움이나 집안 대소사를 상사의 상사와 얘기하기는 어렵다. 그렇다고 부하직원과 얘기하기도 꺼려진다.

겉으로 티는 안 내지만 외로울 가능성이 크다.

7. 상사도 인정과 칭찬을 받고 싶다.

칭찬과 인정은 부하직원만 상사로부터 받고 싶은 게 아니다. 상사도 부하직원에게 칭찬과 인정을 받고 싶어 한다. 매슬로 욕구 5단계 이론 중에서 3단계 애정과 소속의 욕구^{need for love and belonging}를 누구나 충족하고자 한다. 인간은 3단계 욕구가 충족되면 4단계 존중의 욕구^{need for esteem/respect}를 충족하고자 한다. 인정과 칭찬, 존경을 받고자 하는 마음은 인간의 본능이다. 부하직원들은 상사를 칭찬할 줄 모른다.

직장상사들의 공통적인 심리 상태에 대해 알아봤다. 여러분은 지금 상사를 이해하기 위한 첫걸음을 내디디고 있다. 혹시 이런 내용을 접하면서 '상사'라는 단어가 자꾸 나와서 가슴이 답답해질 수 있다. 하지만 조금만 따라와주기 바란다. 상사에 관해 관심을 가지고 알아가는 연습을 하게 되면 상사 대처력이 향상된다. 상사를 대할 때 자신감도 생길 것이다. 상사와 '갑'과 '을' 간 관계가 아닌 대등한 관계로 발전할 수 있다. 구체적인 방법들은 2장에서 언급한다.

회사를 선택할 수는 있지만, 상사를 고를 수는 없다. 기쁜 마음으로 입사한 것도 잠시, 어떤 상사와 인연을 맺게 될지 가슴이 두근거린다. 마음에 드는 사람과 만나게 되면 하늘이 돕는 기운을 느끼게 된다. 확률적으론 싫은 상사 또는 좋지도 싫지도 않은 상사를 만날 가능성이 크니 말이다.

상사의 스타일이나 유형은 정말 사람 수만큼 다양하다. 나와 태생적으로 생각하는 방식이나 가치관이 달라서 코드 맞추기 힘든 상사가 있는가 하면, 별로 힘 안 들이고 상대의 마음을 읽거나 일하기 수월한 사람도 있다. 누가 내 상사가 될지는 그야말로 운이다. 전생에 나라를 구한 적이 있느냐가 중요한 요소랄까. 나는 존경하는 상사, 멘토로 삼고 싶은 사람을 만나서 같이 일해본 적도 여러 번 있다. 그 얘기를 해본다.

신입사원 시절, M 과장은 업무 경험이 적어 회사에서 좌충우돌하는 내게 큰 힘이 되어 줬다. 하루의 상당 시간을 함께하면서 토론도 많이 했던 기억이 생생하다. M 과장 별명은 엉덩이였다. 한 번 앉아서 일 시작하면 몇 시간이고 그 자세 그대로 일해서 붙여진 별명이었다. 꼼꼼한 노력형 스타일. 부하직원들과 토론하기 좋아했고 의견을 경청하는 편이었다. 함께 일하기 편하고 배울 점 있는 M 과장을 나는 멘토 상사로 모셨다. 당시는 고압적이고 권위적으로 지시하는 상사가 많던 시절이었다. 그는 부하직원에게 자기주장을 하더라도 논리적으로 설득하려는 태도를 견지했고, 본인 생각이 틀린 것 같다면 부하직원 의견을 수용했다.

또 다른 강점은 일할 때 자료를 수집하고, 규정을 따져보고 상세히 메모하는 습관이었다. 이런 일 처리를 통해 두꺼운 비법 다이어리를 여러 권 가지고 있었다. 더욱 마음에 들었던 점은 부하직원들과 종종 회식을 즐기면서 허물없이 어울려 놀 줄 알았다는 것이다. 지금은 직원들이 상사와 회식하는 걸 싫어하고 회식 없는 부서를 희망하기도 한다. 상사가 목적 없는 회식을 자주 하면 아마 괴롭힘 방지법에 저촉될지도 모른다. 그때는 좀 달랐다. 내가 과장에게 "오늘 저녁 한 잔 어떠세요?" 하면 "오, 좋지, 다들 갈 수 있나?" 바로 반응이 왔다. 고된 일에 시달린 후 삼겹살과 소주 한 잔, 좋았다. 과 친구들과 즐거운 담소를 나누고 선배에게 스트레스를 푸는 그런 분위기였다.

다음으로 생각나는 사람은 L 부장이다. 이사로 승진한 후에는 육본 경리단장이라는 군기 서린 별명이 붙은 분이었다. 야근을 즐기면서(?) 부서원들을 독려하는 스타일이었다. 어떻게 그 많은 야근을 해냈는지. 야근이 당연했고, 열심히 일하는지의 척도였다. 회사를 위해서 몸으로 희생과 충성을 하던 시대. 대리 시절, 저녁 9시 전에 퇴근하려면 부장님 앞에 가서 "저, 집에 일이 있어서 먼저 가봐야 할 것 같습니다.” 이렇게 말하고 책상을 정리했다. 매일 저녁 6시, 회사는 S 식품 빵 1개와 S 우유 한 팩을 전 직원에게 돌렸다. 그걸 맛나게 먹고 일했다(다행히도 빵 종류는 매일 달랐다). 저녁은 집에 가서 9시 반이나 10시경에 먹었다. 늦은 저녁밥을 먹으니 건강에도 안 좋고 육아에 지친 젊은 아내에게도 미안한 일이었다. 각설하고, L 부장이 집요하게 일을 밀어붙이는 힘은 부하직원들의 치를 떨게 했다. 90년대 얘기다. 중남미 법인 몇 군데의 회계 시스템을 구축하고 본사 차원의 감사도 하기 위해 같이 출장을 갔다. 부장과 과장, 그리고 나를 포함해 대리 2명이었다. 현지 출장 내내 부장은 야근했고 햄버거를 자주 배달시켜 먹었다. 현지 법인 대표가 안절부절하며 밖에 나가서 좋은 걸 먹고 들어오자고 권해도 거절했다. 감사도 해야 했으니 절도 있는 모습을 보일 필요는 있었지만, 부장의 태도는 너무 지나쳤다. 과중한 업무량으로 모두가 지친 상태에서 급기야 대리 한 명이 먹던 햄버거를 부장 앞에서 던져버리는 일이 발생했다. 그는 조용히 그 자리를 피해 줬다. 그 일이 있고 나서 몰아치는 태도는 조금 완화됐다. 일이 어느 정도 마무리되면 식사도 좋은 데서 하고 중남미 국가들의 빼어난 풍광도 즐기는 것이 인지상정인데. 그를 싫어하는 부하직원들도 꽤 있었다. 하지만 나는 이 시기에 남들이 쉽게 배울 수 없는 실무 경험을 많이 쌓았다. 회계, 경영 분석, 법인 감사, 영문 계약 등. 사내 교육용 책자 4권도 함께 만들어 전사 배포했다. L 부장은 부서 업무를 확장하는 역량을 보여줬다. 같은 상사를 놓고도 호불호가 갈릴 수 있다. 부하직원 개개인의 성격이나 가치관 때문일 수도 있고, 직급과 각자 처한 상황이 달라서 그럴 수도 있다.

이직하고 나서 새 회사에서 한창 적응기를 거치던 때다. K 부장은 내가 경험해보지 못한 생소한 스타일의 상사였다. 일명 똑게형(똑똑하고 게으른 유형)이었는데 사무실에서 관찰해보면 별로 일 안 하는 것 같았다. 책상 위에는 항상 책들이 쌓여 있었고 편한 자세로 책을 읽곤 했다. 업무 보는 사람의 모양새는 아니었다. 주로 경영 분야와 IT 쪽이었고 인문 서적도 있었다. 부하직원들에게 일일이 잔소리하는 스타일이 아니고 최초 업무 역할 배분에만 신경 썼다. 업무의 상당 부분을 위임했다. 나는 일에 전적으로 책임을 지고 스스로 일하는 기회를 접했다. 팀장이 되기 전에 팀장 훈련을 한 셈이었다. K 부장은 경영기획실의 신사업 추진 방향을 잡는다거나 회사 이슈로 다룰 만한 주제를 발굴하는 데 신경을 썼다. 경영진이 혹할 최신 이슈들을 미리 공부하고 만지작거리다가 적절한 시점에 보따리를 풀었다. 경영진으로부터 인정받았고 임원 승진 후 경영기획실장 역할을 오래 했다. K 부장도 약점이 있기는 했다. 현장 실무 감각이 떨어진다는 점이었는데 하지만 강점이 약점을 덮었다. 실무는 부하에게 시키면 됐다. 자기 강점을 극대화하며 여유 있게 일하는 사람의 태도를 봤다.

내가 좋아했던 상사 3명에 대해 기억을 되살려 봤다. 이 상사들은 바람직한 리더십을 두세 가지씩 가지고 있었다. M 과장은 책임감이 강하고 개방적 사고와 의사소통 능력이 돋보였다. L 부장은 추진력과 성과 창출 능력이 탁월했다. K 부장은 큰 그림을 그리는 기획력이 뛰어났고 직원에 대한 권한 위임을 실천했다. 독서력은 그의 무기였다.

여러분께서도 멘토로 삼을 만한 좋은 상사들과 연이 맺어지시기를.

나는 운이 잘 안 따르는 편이다. 로또는 고사하고 복권 5천 원도 당첨된 적이 없다. 송년 모임이나 기념 행사 같은 곳에서 하는 경품 추첨도 된 적이 없을 정도다. 군 생활 때도 험지로만 배속이 되더니 회사 생활을 하면서도 "저 상사는 안 만났으면 좋겠다."라고 생각하는 순간 그 상사 부서로 발령이 났다. 그리고 힘든 적응의 시기를 보냈다. 내가 싫어했던 가장 나쁜 상사들이 스멀스멀 머릿속에 떠오른다. 여기서 '나쁜' 상사란 사람이 나쁘다는 의미는 아니다. 나와 상사 간에 궁합이 영 안 맞다는 뜻이다. 서로가 상대방에게 기대하는 바가 달랐거나 서로의 가치관이나 태도, 성격 차이 때문에 나타나는 현상이라 할 수 있다.

첫 이직 후 생소한 회사 문화와 상사에게 익숙해지느라 고군분투하던 과장 때 얘기다. 옮긴 회사는 잘 나가던 IT 회사였는데 조직 문화가 이전 직장과 너무 달랐다. 외부에서 온 사람에 대한 텃세도 심했고 끼리끼리 문화가 존재했다. 선민 의식 같은 게 있었다. 그때 내가 모시게 된 C 부장은 업무 능력은 떨어지는데 권위의식이 강하고 독선적이었다. 자존감이 모자란 상태에서 표출되는 자존심이 대단했다. 회의 자리에서 핵심을 짚어주는 역할이나 토의 흐름을 조율하지 못했다. C 부장의 주제를 벗어난 말들은 허공을 맴돌기 일쑤였고 게다가 했던 말을 반복하는 버릇까지 있었다. 회의는 마냥 길어지곤 했다. 부하직원이 영양가 있는 의견을 내더라도 자기 생각과 다르면 기분 나빠했다. 아무도 대꾸를 안 하고 원맨쇼를 보면서 회의 끝나기만 기다렸다. 다른 과장급들이 모두 가만히 있는 것이 신기했다. 전 직장 같으면 누가 팔 걷어붙이고 한판 붙었을 텐데. 굴러들어온 돌인 나는 다소곳이 앉아 있었다. 문서를 작성해 보고하면 이해하기 어려운 지적과 수정이 뒤따랐다. 지적질로 권위를 유지하려는 것처럼 느껴졌다. 굴러온 돌에 대한 군기 잡기일 수도 있었고. 이런 유형의 상사는 부하직원이 적절히 그분 취향에 맞추면 그럭저럭 생활할 수 있다. 단지 팀과 직원의 발전이 지체될 뿐이다. 부장으로부터 인정받기까지 1년 정도 고난의 행군이 이어졌다. C 부장은 얼마 후 사직했다.

두 번째로 힘들었던 상사는 특정 직원만 편애하는 B 본부장이었다. 본인과 오래 같이 일했거나 좋아하는 부하직원만 믿고 쓰는 스타일이다. 주요 사업 정보를 특정 부하직원하고만 공유했다. 내가 추진하는 일에서 그의 격려와 지원을 기대하기 어려웠다. 돌이켜보면 B 본부장은 타 회사에서 온 나를 신뢰하지 못했던 듯하다. 내 행동이나 말이 그에게는 생경하고 이질적으로 느껴졌을지 모른다. 선입견을 품고 내가 우군이 될 수 없다고 생각했을 수도 있다. 업무 역할 배분과 정보 공유 같은 리더십 행동은 공정하게 이뤄지기를 원했지만, 주력 업무들은 편애하는 직원들과 진행됐다.

세 번째 겪은 나쁜 상사는 정치가형 상사다. 직급이 올라갈수록 이런 분을 만날 확률이 높아진다. 이런 분은 사실 회사 실적이나 업무 성과엔 별 관심이 없다. 부하직원들의 경력 관리나 역량 향상? 그런 거 잘 모른다. 매사 바쁘고 성실해 보이지만 일을 위해 책임을 다하지 않는다. 회사에서 추진해야 하는 일인데도 위험성이 내포돼 있다면 결재를 회피하거나 시간 끌기 신공을 펼친다. 반면 안테나를 높이 세우고 진급이나 정치와 연관된 인사 정보나 동향 파악에 민감하다. 이런 상사에게 부하직원이 일만 잘한다고 해서 인정받을 수 있는 건 아니다. 오히려 부지런히 일하다가 잘난 체한다고 찍히는 일이 생길지 모른다.

네 번째로 직원을 믿지 못하는 상사 유형이다. 오너 가족이나 친척 외의 임직원은 의심하고 믿지 않는다. 오너 입장에 반하는 의견에 대해서는 옳고 그른지 상관없이 거부됐다. 상사의 판단 기준은 오로지 '오너가 어떻게 생각하고 있느냐?' 하는 것이다. 내 회사라는 소속감을 느끼기 어렵고 회사가 직원에게 심리적 안정감을 제공해주지 못했다. 직원들은 '언제 회사를 그만둘까?'만 생각하는 듯했다. 나는 5개월 만에 그만두게 됐고 이력서에 이직 횟수만 하나 늘게 됐다. 우리나라 중견/중소기업에 이런 현상이 꽤 있지 않을까?

직원을 채용할 때는 신중하게 뽑고 일단 선발했으면 믿고 맡기는 모습이 필요하다. 직원을 회사 자산이라고 생각하지 않고 소모품 정도로 여기는 오너들도 있다. 직원들에게 안정감을 제공해주고 장기적으로 열심히 일하도록 동기를 부여하지 않는다. 직원이 나간다고 하면 또 다른 직원을 싸게 쓰면 된다. "인력 시장에 사람은 넘쳐나는데 얼마나 효율적 경영인가? 중소기업의 특수성을 생각해야지." 하는 듯하다. 안타까운 일이다.

마지막으로 정확한 업무 분담과 역할 부여를 못하는 상사다. 상사의 리더십 역량에 대한 이야기다. 조직이 성과를 내고 구성원들의 사기를 올리려면 직원에 대한 명쾌한 업무 분담과 역할 부여가 선행돼야 한다. 그런데 이게 제대로 안 이뤄지는 경우가 의외로 많다. 심지어 이 중요성을 인지하지 못하는 상사도 있는 것 같다. 부하직원으로서는 답답함이 이만저만이 아니다. 예를 들어 한 업무를 두 명에게 중복으로 시킨다든지, 사람은 뽑아놓고 그에게 명확한 업무 부여를 하지 않아서 혼란스럽게 만드는 경우다. 일이 한 명에게 명확히 부여되지 않으니 직원들은 그 일이 온전히 자기 일이라고 생각하지 않는다. 따라서 그 일에 대해 전적으로 책임지려고 하지 않게 된다. 결국 직원의 업무 몰입도와 성과를 떨어트린다. 업무가 온전히 내 것으로 정의돼야 그 일을 하는 직원의 만족도가 올라간다. Porter & Steers[1973]는 직무 만족 요인을 크게 4가지 요인으로 나누면서 급여, 승진 요인 외에 직무 범위, 역할 모호성, 역할 갈등이 직무 만족에 영향을 미친다고 했다.

'워스트 상사 5'를 알아봤다. 권위적이며 독선적인 상사, 편견형 상사, 책임감이 모자란 정치가형 상사, 직원을 불신하는 상사, 명확하게 역할 부여를 못하는 상사들이다. 이런 상사와 같이 부대끼고 있는 분이 있으시다면 부디 너무 상심하지 않았으면 좋겠다. 우리는 나쁜 상사를 만날 수밖에 없는 당연한 확률 속에서 살고 있다. 인생지사 새

옹지마. 싫은 상사에게도 배울 게 있고 나를 강하게 만드는 기폭제가 되기도 한다. 나쁜 상사도 얼마 안 가서 바뀌게 되고 헤어지게 마련이다. 마음에 들었던 상사가 떠나가듯이.

나쁜 상사에 대해 얘기하다 보니 한 가지 꼭 짚고 갈 부분이 있다. 상사 한 명에 대해 부하직원들이 느끼는 상사에 관한 생각은 각기 다를 수 있다는 점이다. 부하직원의 특질이나 스타일에 따라서 쌍방(양방향) 관계성의 내용은 달라진다. 예를 들면 지적질형 상사가 있다고 치자. 그 상사가 A 직원은 미덥지 못해서 지적질을 심하게 하지만, 자기가 신뢰하는 B 직원에게는 지적질을 안 한다. A 직원은 그 상사를 비합리적인 지적질형으로 치부하겠지만, B 직원은 그 상사와 코드를 잘 맞추면서 수월하게 일할 수 있다. 즉 부하직원에 따라서 동일한 상사와의 쌍방 관계성의 질이 달라지는 것이다. 그리고 이 관계성의 내용이 개선된다면 상사의 부하직원에 대한 태도나 스타일도 다시 변할 수 있다. 쌍방 관계성 속에서 선순환이 일어나는 것이다. '상사 관리'는 이런 쌍방 관계성에서 출발한다.

다양한 상사 유형을 쉽고 간단히 분류한 방법이 있다. 널리 퍼져서 이제는 고유명사가 된 똑부(똑똑하고 부지런한), 똑게(똑똑하고 게으른), 멍부(멍청하고 부지런한), 멍게(멍청하고 게으른)형이다. 상사가 똑똑한지 멍청한지, 그리고 부지런한지 게으른지를 가지고 4가지 유형으로 나눈다. 기발하면서도 설득력이 있어 사람들 사이에 퍼져나간 분류법이다. 유형별 상사의 특징과 그 대처법에 대해서 알아본다.

1. 똑부형 상사

똑똑하면서 부지런한 상사다. '똑똑하다'라는 말 속에는 사실 '머리가 좋다, IQ가 높다'라는 개념도 있겠지만, 전문성과 경험을 겸비했다는 의미가 강하다. 이 유형은 조직에서 인정받고 있으며 승진 욕구가 크다. 일 욕심 많고 자신감이 있으므로 부하직원을 닦달하고 지적질을 많이 할 가능성이 있다. 부하직원은 회사 생활이 힘들 수 있다. 하지만 이런 상사와 함께 하는 동안 일을 많이 배우고 성장할 수 있다. 좋은 기회라고 생각하고 긍정 마인드로 상사를 도우면 어떨까? 상사의 단점을 찾기보다 그의 장점을 따라 해보는 것도 좋다. 목표 달성에 갈 길 바쁜 상사는 부하가 적극적 태도를 보이면 지원해줄 것이다.

상사 후광을 업고 진급이나 경력 관리에서 유리한 고지를 점할 수도 있다. 이 유형의 상사는 상사의 상사나 경영진에게도 영향력이 있기 때문이다. 하지만 똑부형 상사가 독단적이거나 부하직원을 키워주는 스타일이 아닐 수 있다(혼자만 잘난 체하는 스타일). 이런 경우에는 부하직원이 더 힘들 것이다. 하지만 상사 장점을 배우고 전문성을 키운다면 반드시 좋은 기회가 온다.

2. 똑게형 상사

전문성을 갖추고 똑똑하지만 게으른 상사다. 그런데 '게으르다'라는 것이 다시 두 가지로 나뉠 수 있다. '스마트한 게으름'과 '그냥 게으름'이다. '스마트한 게으름'이란 의도적으로 일의 우선순위를 따져보고 덜 중요한 일은 과감히 버리는 태도다. '그냥 게으름'은 정말로 게으른 걸 말한다. 똑게형 상사 중에는 자신이 직접 챙겨야 하는 업무에만 신경 쓰고 상당 부분은 부하에게 위임하는 상사가 있다. 일에 치이지 않고 항상 여유 있게 보인다. 노는 것 같아도 일 욕심이 있다. 우선순위가 높은 일에는 집중하고 추진력도 있어 '스마트한 똑게형'이라고 부를 수 있다. 반면 똑똑하지만 일에 대한 동기 부여도 떨어지며 게으른 상사가 있다. '그냥 똑게형'이다. 회사 가치관이 맞지 않거나 건강에 문제가 있거나, 아니면 인생 관심사가 다른데 있는 상태일 것이다. 여러분 사무실에서도 '스마트한 똑게형'과 '그냥 똑게형' 상사를 쉽게 찾아낼 수 있을 것이다.

'스마트한 똑게형'은 부하직원들이 알아서 하라는 위임형이다. 부하직원이 잘 대응한다면 적절한 권한 위임을 받고 자기 영역을 넓혀갈 수 있다. 주도적으로 일할 공간이 생겨 재미있게 일할 수 있다. 상사가 매일 "이 일 해라, 저 일 해라." 하며 세세하게 지시하면 정말 일하기 싫어지지 않는가? 상사는 적시에 적절한 지원과 업무 피드백만 해준다. 부지런한 부하직원과 함께 상호 시너지를 낼 수 있다. '스마트한 똑게형' 상사는 경영진이나 상사의 상사로부터 능력을 인정받는 사람들이 꽤 있다. 부하직원으로서 여러분이 업무를 꿰차고 나아가면 상사와 함께 크게 인정받을 수 있다. 반면 '그냥 똑게형' 상사는 회사에서 인정받지 못하는 상사일 것이다. 조직에서 아웃사이더일 가능성이 있다. 부하직원들이 각자 다른 생각을 하고 팀원들이 모래알처럼 흩어질 수 있다. 부하로서는 상사가 바뀔 때를 기다리거나 다른 부서로 이동할 기회를 알아보게 된다. 미래를 위해 스스로 자기계발 계획을 세워서 실천해 나아가야 하는 시기다.

3. 멍부형 상사

업무 전문성도 없고, 똑똑하지도 않지만 부지런한 상사다. 정신적, 육체적으로 부하직원들에게 매우 피곤한 유형이다. 선무당이 사람 잡는다고 계속 일을 벌이는데 그 일을 왜 해야 하는지, 회사에 실익이 있는지에 대한 판단이 부족하다. 부하직원들과 공감대가 형성되지 않은 상태에서 일이 추진된다. 윗선에서 내려오는 일들도 걸러주지 못하고 부하에게 그대로 토스한다. 부하직원은 몸과 마음은 지치는데 성과도 없고 배우는 일도 별로 없다. 상사가 잘못된 지시를 하면 바로 그 자리에서 반대하지 않는 게 좋다. 바로 반대하면 부하직원이 주장하는 사유가 타당하더라도 상사가 흔쾌히 수용하기 어렵다. 그 자리에서는 "잘 검토해 보겠다."라는 태도를 보이자. 시간 여유를 좀 가지면서 그 일에 대해 살펴보고 추진하면 안 되는 이유를 정리해 본다. 다른 대안이 있는지도 조사한다. 시간이 좀 지나간 후 다시 설명해보자. 상사는 본인의 결정에 대해서 후회하고 있을 수도 있다. 그 일이 물리적으로 추진이 어렵거나 위험성이 크다는 점에 대해 깨닫기 때문이다. 이때 다른 대안을 개진하면 수용하게 된다.

이 유형의 상사는 오너나 경영진과 친척 관계일 수도 있다. 전문성이 부족한데도 부지런히 일을 벌일 수 있다는 건 누군가 힘을 실어주기 때문이 아닐까? 공개적이고 직설적으로 반대하지는 말자. 이 상사에게 잘 보이고 인정받는다고 해도 별로 득이 될 것은 없다. 하지만 모든 인간관계가 그렇듯 적대적인 관계를 만들 필요는 없다.

4. 멍게형 상사

전문성 없고, 똑똑하지 않으면서 게으른 상사다. 조직에서 아웃사이더일 가능성이 크고 영향력도 없는 경우가 많다. 부하직원 관점에서 멍부형이나 똑부형 상사보다 훨씬 생활하기 편하다. 하지만 상사로부터 업무를 배울 기회도 적어진다. 상사에게 인정받는다고 해도 부하직원의 장래나 승진을 위해 크게 도움이 될 것 같지 않다. 이때 상사가 부여하는 일만 수행한다면 발전 없이 정체기에 들어가게 된다. 부하직원은 상사 업무의 상당 부분을 적극적으로 위임받아서 자기 스타일로 일을 추진해보기를 추천한다. 또한 여유 시간을 그냥 흘려

보내지 말고 자기계발 계획을 세워서 실행해보면 어떨까 한다.

똑부형, 똑게형, 멍부형, 멍게형 상사의 특징을 살펴봤다. 여러분이 함께하는 상사는 어디에 해당하나요?

회사 생활은 씨줄과 날줄이 교차하듯 다양한 인간관계의 그물로 이뤄진다. 회사 생활의 성공 여부는 이러한 수많은 관계의 질에 좌우된다. 부서 동료와의 관계, 상사나 후배와의 관계, 타 부서 구성원과의 관계, 고객과의 관계 등. 그중에서 우리에게 가장 큰 영향을 미치는 것이 상사와의 관계다. 상사에게 인정받고 일 잘하는 사람이 되기 위해서는 '상사와 나'와의 관계 질이 매우 중요하다. '상사와 부하 간 관계성'을 다루는 리더십 이론이 있어서 살펴보고자 한다. 우리가 '상사 관리'에 대해서 이해하는 데 통찰력을 제공할 것이다. '리더-구성원 교환 관계leader-member exchange, LMX'이론이다.

이 이론은 리더와 구성원 간 형성되는 교환 관계를 들여다본다. '리더'란 '직속 상사'를 말하며, 구성원이란 '부하직원'이다. 기존 리더십 이론들은 부하들이 리더의 색깔이나 능력, 친밀감 등을 다 똑같이 인지한다고 가정했다. 그런데 LMX 이론에서는 리더는 부하들과 각각 차별적인 관계를 맺게 되고 부하들도 리더에 대해 각자 다르게 지각한다고 본다. 리더는 부하들에게 상이하게 행동하며 그에 따라 리더와 개별 관계를 맺는 부하들은 리더를 서로 다르게 인지한다는 것이다. 예를 들면 리더와 A 구성원 간의 관계는 그 리더와 B 구성원 간

관계보다 질적으로 더 좋거나 나쁠 수 있다.

이 이론에서는 구성원들을 2개 그룹으로 나눈다. 리더와 높은 질의
LMX(리더-구성원 교환 관계)를 나타내는 내집단in-group과 낮은 질의
LMX를 나타내는 외집단out-group으로 구분한다. 높은 질의 LMX에서
는 상사가 부하직원을 호의적인 태도로 대하고 대화 빈도가 증가한
다. 높은 보상을 제공해주고 성과 관련 피드백이 증가하는 현상을 보
인다Elicker, Levy, & Hall, 2006; Graen & Uhl-Bien, 1995. 반면 낮은 질의 LMX에서 부
하직원들은 상사의 제한적인 지원과 신뢰, 낮은 보상을 경험하게 된
다Gerstner & Day, 1997.

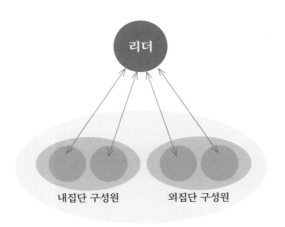

(LMX 개념도)

상사는 내집단 부하직원에 대해서는 적극적인 관계, 발전적인 상호
작용을 유지하려고 한다. 반면 외집단 부하직원에 대해서는 고용 계

약상 필요한 최소한의 관심과 배려만 제공한다. 상사로서 기본적인 지시와 관리 업무만 수행하는 것이다.

그럼 왜 상사는 부하직원들을 외집단과 내집단으로 나누는 걸까? 그 이유는 리더가 항상 시간과 자원에 쫓기고, 모든 부하에게 긴밀하고 친밀한 관계를 유지할 여력이 없기 때문이라는 해외 논문들이 있다. Graen & Uhl-Bien[1995]는 현실적으로 리더가 모든 부하와 높은 질의 LMX를 발전시키기 어려울 것이고, 특히 리더 지위가 상승할수록 이런 현상은 심화한다고 봤다. Brass[1995]는 리더가 모든 구성원과 높은 질의 관계를 형성할 만큼 충분한 시간을 보내지 않는다고 봤다.

내집단 구성원은 외집단 구성원들과 어떤 다른 특성을 보일까? 내집단 구성원은 외집단보다 더 과업 지향적이고, 재량권을 많이 가지며, 상사에 대한 만족도가 높다. 이에 따라 높은 조직 몰입을 보이는 경향이 있다. 즉 상사와 관계성의 질이 좋은 부하직원은 그렇지 않은 직원들보다 업무 만족도와 조직 몰입도가 높다. 특히 LMX는 구성원의 정서적 조직 몰입에 긍정적 영향을 미친다는 연구가 있다[Gerstner & Day, 1997]. 정서적 조직 몰입이란 개인이 자기가 소속된 조직에 대한 동질감이나 소속감을 느끼는 정도를 말한다.

이 이론에 따르면 우리는 상사와 높은 관계의 질을 유지해야 하고, 내집단 구성원이 돼야 한다. 새로운 상사와 관계를 맺는다면 될 수 있는 대로 빨리 내집단에 들어가야 하는데 그러기 위해선 어떻게 해야 할까? 상사는 부하직원들을 어떤 기준으로 내집단과 외집단으로 구분하는 것일까? 여기에 대해 LMX 이론은 부하의 역할형성 과정을 묘사하면서 설명해주고 있다. 이 과정을 역할 형성 모델[Graen & Scandura, 1987]이라고 하는데 요약해본다.

1. 역할 취득 role taking

상사와 구성원이 처음 만나 서로 생소한 상태다. 이제 같이 생활을 시작한다. 역할 취득 단계에서는 상사와 부하 간 교류가 공식적인 수준을 넘어서지 않는다. 상사는 부하에게 일을 주고 부하가 그 일을 어떻게 수행하는지 탐색한다. 상사는 부하 행동을 평가하고 또 다른 역할을 맡길 것인지 결정한다. 이 단계는 상사가 부하의 잠재력과 동기 부여를 평가하는 단계다. 만일 부하가 도전적인 과업을 수행할 능력과 동기가 있다고 판단되면 역할 형성 단계로 이동한다.

2. 역할 형성 role making

이 단계에서 상사와 부하는 서로 가치 있는 정보나 자원을 제공하고 공유한다. '상호 교환 관계'가 나타난다. 상사는 부하에게 다양한 기회를 제공하고 부하는 그 기회를 받아들이고 적절한 역할을 제공한다. 상사는 부하가 더 많은 역할과 책임을 수행할 수 있는지 살펴본다. 부하는 상사가 역할과 권한을 자기에게 위임할 의사가 있는지 관찰한다. 상사가 부하에게 추가적인 업무 기회를 제공한다. 부하가 이 기회를 수용하면 상사-부하 관계는 높은 질의 교환 관계로 발전하게 된다.

3. 역할 일상화 ^{role routinization}

역할 일상화 단계는 역할 형성 단계에서 만들어진 교환 관계가 정착되고 안정화되는 단계다. 상사는 내집단 구성원들에게는 개인적 관심, 능력에 대한 자신감 부여, 도전적이고 흥미로운 직무 기회를 제공한다. 반면 외집단에서는 계약된 역할 행동만 교환한다.

이 모델에 따르면 상사와 높은 질의 인간관계를 유지하기 위해서는 부하직원이 상사 의도에 적극적으로 반응하는 태도가 중요해 보인다. '상호 교환 관계'라는 의미는 상호 호혜적 관계라는 뜻이다. 서로 give and take를 하는, 뭔가를 주고받으면서 신뢰가 싹트는 관계를 말한다. 예를 들면 업무를 잘 처리해서 부서 성과에 이바지하기, 상사가 윗선의 좋은 평가를 받도록 도와주기, 정보 제공하기 같은 것들이다. 내집단에 속하기 위해 상사가 필요로 하는 걸 제공하고 그를 만족시키는 행동이 필요하다는 점을 시사한다.

여러분 모두 회사에서 내집단 구성원이 되시기를 바란다.

2장 | 상사를 관리할 수 있다면

'상사 관리'란 무엇인가? '상사 관리'는 어떻게 실행해야 하는가? 그리고 '상사 관리'를 하면 과연 어떤 이점이 있을까? 2장에서는 이러한 궁금증에 관해 설명하고자 한다.

많은 직장인이 상사에게 무관심하거나 의식적으로 외면하는 경향이 있다. 상사에게 먼저 다가가는 경우는 흔치 않은데 아마도 상사가 어렵거나 부담스럽기 때문일 것이다. 그러다 보니 상사의 성향과 의도를 잘 파악하지 못한 채 일을 하게 되고, 일의 결과물이 상사 마음에 들지 않을 확률이 높아진다. 일은 일대로 하고, 상사에게 인정은 못 받게 된다. 이런 안타까운 상태를 극복하기 위해서 '상사 관리'가 필요하다.

어느 회사나 '고객 만족'을 최우선 순위에 둔다. 하도 많이 들어 귀에 못이 박일 정도다. 고객 만족을 못 시키면 매출이 오르지 않고 적자가 쌓이니 얼마 안 가 망하게 된다. 고객 만족이 단순히 보여주기식 구호로 끝날 수 없는 이유다. 우리는 고객이 진상이거나 꼰대라 해도 그들 앞에서 미소를 지어 보인다. 고객을 위해서는 무엇이든 한다. 그런데 여러분에게 고객보다 더 중요한 것이 있다. 바로 상사다. 부하직원의 생살여탈권을 쥐고 있는 상사야말로 관심을 가지고 만족시켜야 하는 VIP 고객이다. 우리는 어떻게 하면 고객을 만족시킬까 항상 고민하지만, 상사가 지금 내게 만족하고 있는지는 고민하지 않는다. 이상하지 않은가?

"왜 굳이 내가 상사에게 잘 보여야 하지? 난 내 일만 잘하면 돼."라고 생각하는 분도 계실 것이다. 하지만 생각해보자. 상사는 부하직원에 대한 인사권을 가지고 평가를 하며, 결재 체계에서 각종 보고를 받고 전결권을 가지고 있다. 부하직원의 역할을 정의하고 업무를 배분하고 예산 배정, 교육 훈련 지원을 한다. 경영 정보에 대해서 부하직원보다 많이 접하고 있다. 곧 부서를 옮기는 상사라면 후임자에게 내 얘기를 하고 떠날 것이다. 따라서 상사에게 인정받지 못한다면 회사 생활은 그리 밝아 보이지 않는다. 성공적인 회사 생활의 열쇠는 상사가 쥐고 있다. 여러분이 고객에게 할 수 있다면 상사에게도 할 수 있다. 상사를 위해서? 아니. 여러분 자신을 위해서.

그럼 상사를 만족시키려면 어떻게 해야 할까? 우리가 고객을 만족시키기 위해서 가장 먼저 하는 것이 무엇인지 생각해보면 답이 나온다. 고객 특성 분석과 니즈needs 파악 아닌가? 상사의 특성과 니즈를 파악하는 데서 출발해야 한다. 이를 알게 되면 어떻게 만족시킬 것인지 실마리가 풀리게 된다.

언제부턴가 직장인을 위한 자기계발서들에 '상사 관리'라는 용어가 등장하기 시작했다. 이 단어는 부하직원이 상사를 주도적으로 관리

한다는 적극성이 내포돼 신선한 느낌을 준다.『직장 내공』이란 책에서 "상사 관리는 내가 하고자 하는 말을 윗사람에게 잘 전달해 상사가 내 뜻을 이해하고 지원하게 해 직장 생활을 능동적으로 할 수 있게 해주는 기술"로 정의한다. 공감 가는 내용이다. 부하직원이 상사에게 의도하는 바대로 보고를 잘해야 하는 측면을 강조했다. 나는 좀 더 명확하면서도 광의의 개념으로 이렇게 정의를 한다. "상사 관리란 부하직원이 상사로부터 신뢰를 얻고 인정받기 위해 취하는 선제적 행동으로서 상사의 특질과 니즈를 파악하고, 상사에게 적시에 필요한 니즈를 충족시켜주는 행동이다." '니즈를 충족시켜주는 행동'이란 바로 '상사 만족'을 의미한다. 부하직원의 '상사 관리'는 '상사 만족'을 통해 달성하게 된다. 회사는 '고객 만족'이 목표이며, 개인은 '상사 만족'이 목표인 것이다.

부하직원의 상사 관리 프로세스를 아래 그림에 정리했다. 상사 관리가 작동하는 흐름을 보여준다.

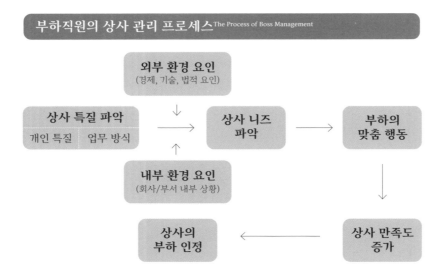

상사 관리 프로세스를 살펴보자. 먼저 부하직원은 상사의 특질을 파악해야 한다. 상사의 특질에는 개인적 특질(성격, 가치관 등)과 업무적 특질(업무 방식)이 있다. 다음으로 내부 환경 요인(회사/부서 상황)이란 조직이 처해 있는 상황으로서 조직 목표, 업무 내용, 경영 상태, 인적 구조, 당면 문제 등이 포함된다. 외부 환경 요인은 회사를 둘러싼 외부 환경으로 시장 상황, 경쟁자 현황, 기술적, 법적 환경 등이될 것이다. 이렇게 상사에 대한 특질과 회사 내/외부 환경 요소를 고려한다면 우리는 그때그때 상사의 니즈가 무엇인지 추정할 수 있게된다. 상사 니즈를 파악하면 그의 가려운 부분이 어디인지, 지금 무엇을 필요로 하고 있는지 알게 된다. 상사의 니즈는 1년 내내 고정된 것이 아니고 변화하게 마련이다. 상사의 개인적 특질에 대해서만 잘 파악해도 상사의 니즈를 알아내기 쉬워진다. 예를 들면 대형 프로젝트수주 같은 업무적 욕망이라든지, 연봉 인상이나 건강 문제 같은 개인적 욕구도 있다. 이러한 니즈에 따라 부하직원은 적절한 맞춤 행동을구사할 수 있다. 부하직원의 시의적절한 행동이 쌓이면 상사의 만족도는 증가하게 된다. 만족도가 증가하면 상사는 그 부하직원을 신뢰하고 인정하게 된다.

자, 그럼 상사 관리를 하기 위해서 제일 먼저 해야 하는 '상사 특질 파악'에 대해 알아보자. 이를 위해 기밀문서 표본을 하나 제공한다. 상사 특질 파악하기를 돕는 메모장이다.

대외비 메모장

구분	상사 특질
1. 개인 기본 정보	1) 개인 일반 정보 - 출신고, 학력, 전공, 나이, 고향, 주거지. 가족관계(기혼/미혼, 아들/딸, 부모 동거 여부) 2) 개인 취향 정보 - 주량, 회식 선호 여부. 회식 스타일 - 취미, 좋아하는 운동과 음식 - 건강 상태(육체/정신적)
2. 개인 성격/ 가치관	1) 내성적, 외향적 2) 성격이 급한 편/느긋한 편 3) 정치 성향: 보수/진보/중도, 정치 무관심 4) 윤리의식, 종교 5) 삶의 가치를 어디에 두는가? (행복의 기준, 사람을 판단하는 잣대, 이 가치관은 부하직원을 판단하는 기준이 될 수 있으므로 중요)

3. 업무 성향/방식	1) 업무 경험과 전문성 2) 강점과 약점 3) 경영진, 차상급상사와의 관계 4) 세세히 챙기는 유형/위임하는 유형 5) 빠른 보고와 보고서 완성도 중 어느 것을 중시? 6) 구두 보고와 서면 보고 중 어느 쪽을 선호? 7) 안테나 세우는 유형/자기 일만 하는 유형 8) 업무 우선순위 판단의 기준 9) 부하직원 능력의 판단 기준 10) 당면 과제나 골치 아픈 장애물은 무엇인가?

더 많은 내용이 있을 것이다. 독자들이 필요한 항목이 있다면 메모해서 사용하시기 바란다. 여러분이 상사 특질을 적어나가다 보면 그의 니즈가 무엇인지 간파하는 데 도움을 얻을 것이다. 예를 들어 상사는 성격이 급한 편(상기 2번의 2항)이고, 업무 성향은 구두 보고를 선호하는 스타일(상기 3번의 6항)이라 치자. 그리고 상사는 지금 사업 추진 건을 검토해 경영진에 보고해야 하는 상황(내부 환경 요인)에 놓여 있다. 상사의 니즈는 무엇일까? 부하직원이 이 사업 건에 대해 빨리 1차 조사를 해서 말로 보고해주기를 바라고 있을 것이다. 이제 상사 니즈를 알았다면 다음 단계는 부하직원으로서 맞춤 행동을 하는 것이다. 이때 부하직원이 보고서를 완벽하게 작성하려고 애쓰며 시간을 끌면 안 된다. 1차 조사를 진행하면서 바로 상사에게 구두 보고를 해야 한다. 구두 보고 자리에서 상사가 서면 보고는 필요 없다고 하면 문서 작성 노력을 따로 안 해도 된다.

반대로 구두 보고는 중요시하지 않고 무조건 문서 보고만 강조하는 상사도 있다. "송 과장, 이번 신사업 검토 보고는 윗선 관심사이니 일주일 후 보고해줘요." 이 말을 듣는 순간, 등줄기에서 식은땀이 흐른다. 완벽한 보고서를 작성, 보고하라는 요구이기 때문이다.

만약 상사가 내성적(상기 2번의 1항)이면서 자기 일만 하는 스타일(상기 3번의 7항)이라면 어떻게 해야 할까? 경영진 동향이나 인사 이동 정보가 있다면 상사에게 알려주면 좋다. 상사는 고마워할 것이다.

하나 더 예를 들어보자. 부하직원의 능력을 판단하는 기준(상기 3번의 9항) 관련, 어떤 상사는 직원을 판단할 때 오로지 수주 능력과 수익 창출만으로 판단하는 사람도 있다. 이런 상사 밑에서는 보고서를 잘 쓴다든지, 분석 능력이 뛰어난 것은 후순위다. 인정받기 위해서는 매출 창출에 최우선 순위를 둬야 한다.

상기 2번의 5항 "상사가 삶의 가치를 어디에 두는가?", "행복의 기준이나 사람을 판단하는 잣대는 무엇인가?" 하는 질문은 매우 중요하다. 이것은 애매한 철학적 질문이 아니다. 상사가 삶의 가치를 종교적인 믿음과 신뢰를 두고 있는 분이라면 윤리성과 도덕성 같은 부분에 민감할 수 있다. 이런 기준을 종종 거스르는 직원은 상사 눈밖에 날 것이다. 사람을 판단하는 잣대가 오로지 외적 스펙 중심인 사람도 있다. 역량과 잠재력은 있지만 스펙이 낮은 부하직원에게는 고역이 될 수 있다.

우리가 상사의 성격과 가치관을 바꿀 수는 없다. 업무 방식도 우리 의도대로 바뀌기를 기대할 수 없다. '상사 관리'를 통해 상사를 바꾸려는 것이 아니고 나와 상사와의 관계성을 긍정적으로 구축하려는 것이다. 상사의 가치관이나 업무 방식이 나와 일치한다면 하늘이 돕는 것이고, 그렇지 않다면 내 행동이나 태도를 상사에게 맞게 조금 조율해야 한다. 나와 상사는 한배를 타고 비바람 몰아치는 바다에서 노를 젓고 있다. 박자를 맞춰 노를 저어야 배가 앞으로 가고 그래야 목적지에 도달할 수 있다.

이제 실천할 차례다. 오늘은 근무하면서 상사의 말과 행동을 주의 깊게 관찰해보시라. 메모장을 펼쳐서 해당 항목 옆에 관찰한 내용과 느낌을 간략히 써보기 바란다. 이런 작업을 매일 15분 정도 한다. 이 데이터가 일주일 정도 쌓이면 상사 특질을 많이 알아내게 될 것이다. 특질에 대한 정보가 쌓이면 상사의 니즈가 무엇인지 알게 된다.

"상사를 알고 나를 알면 백전무패."

상사 특질을 파악하고 니즈를 알아내는 방법에 대해 살펴봤다. 이제 부하직원이 상사의 니즈를 알았다면 그걸 충족해주는 맞춤 행동에 들어가야 한다. 상사를 만족하기 위한 대표 행동에는 어떤 것들이 있는지 알아보자. 상사의 니즈별로 발생 가능한 모든 행동을 다 묘사할 수는 없으므로 대표 행동들을 '상사 중심', '업무 중심', '부하 중심'의 3가지 관점으로 나눠 소개한다.

상사를 만족시키는 부하직원의 맞춤 행동 3가지 관점

구분	부하직원 맞춤 행동
1. 상사 중심 관점	1) 상사를 칭찬하고 인정하기 2) 상사 약점 건드리지 않기, 흠집 내기 금지 3) 상사에게 정보 제공하기 4) 상사에게 공까을 돌리기 5) 회식 자리에서 상사 옆에 앉기, 대화 나누기 6) 상사 자주 찾아가기 7) 상사 유형과 상황에 적합한 대화법(개인적 대화)

2. 업무 중심 관점	1) 상사가 중요시하는 업무에 우선순위 두기 2) 상사 유형과 상황에 적합한 업무 보고 3) 상사 유형과 상황에 적합한 대화법(업무적 대화) 4) 상사 약점을 보완해주는 행동 5) 상사의 성공을 지원하는 행동 6) 적극적 태도 7) 책임감 있는 행동
3. 부하 중심 관점	1) 내 성과를 상사에게 표현하는 행동 2) 내 전문성(강점)을 상사에게 어필하는 행동 3) 내 차별성 키우기 4) 자신감 있는 모습 보이기 5) 내 태도를 상사 스타일에 맞추기

부하직원이 상기 행동들을 적절히 구사한다면 상사를 만족시키고 신뢰 관계를 구축하는 데 크게 도움이 된다. 예를 들면 상사가 까다로운 중동국가 정부 기관과 영문 계약 체결 때문에 밤잠을 설치고 있다. 이때 영어 실력이 좋은 부하직원이 나서서 꼼꼼히 계약 진행을 도와준다면? 상사는 부하직원을 믿음직스럽게 생각하고 의지하는 마음마저 생길 것이다.

더구나 그 부하직원이 중동국가와의 어려운 계약 성사 후 그 공功을 상사에게 돌린다면 그 부하를 안 좋아할 상사가 어디 있겠는가? 상사에게 공을 돌린다고 내 공이 없어지지는 않는다. 부하의 성과를 가로채는 나쁜 상사 얘기가 드라마에서 심심치 않게 나오지만 그건 막

장 드라마 얘기고. 내가 나서서 생색을 안 내도 주변에서 다 알게 된다. 내가 생색을 내게 되면 상사가 나를 얼마나 견제하겠는가? 불이익이 더 클 수 있다. 상사가 회사로부터 좋은 평가를 받고 성공한다면 그 혜택이 결국은 부하에게 돌아온다. 대리 시절 나는 상사에게 공을 돌릴 줄 몰랐다. 상사 도움을 받아서 큰 성과를 이루고도 마치 내가 다 한 것처럼 옆 부서 동료들 앞에서 생색을 냈다. 어리석은 행동이었다. 상사가 나를 어떻게 생각했을까?

상사들은 직급이 올라갈수록 고독하고 외롭다. 회식 자리에서 상사로부터 멀찍이 앉지 말고 가까이 앉아서 상사에게 가족 이야기, 건강 관련 대화 등 가볍고 사적인 이야기를 꺼내 볼 수 있다. 부담 느낄 필요도 없다. 상사들이 무장을 해제하고 있는 자리다(간혹 업무 얘기만 하는 상사도 있긴 하다). 가벼운 대화를 나누더라도 상사들은 매우 좋아한다. 속으로 "이 친구 참 붙임성 좋고 적극적이네. 영업도 잘할 거야."라고 생각한다.

직속 상사가 차상급상사(상사의 상사) 때문에 스트레스를 많이 받고 힘들어할 수 있다. 이럴 때 부하직원이 차상급상사 업무 스타일에 맞는 해결책을 직속 상사에게 제안한다면 상사는 그에게 의지하기 시작할 것이다. 이처럼 부하직원의 적절한 맞춤 행동들이 쌓이면 상사 만족도는 서서히 증가하게 된다. 상사 만족도가 증가할수록 상사는 그 부하직원을 신뢰하고 인정하게 된다. "우리 부서에 없어서는 안 될 중요한 친구야, 핵심 인력이 될 거야." 더 많은 관심을 보이고 지원을 하게 된다. 해외 출장이나 승진 기회를 더 누릴 수 있다.

이렇게 상사로부터 인정받는 부하직원은 더욱더 동기 부여가 되고 자신감이 생겨 일에 몰입하는 선순환 구조 속으로 들어간다. 높은 성과를 내게 되고 자존감은 높아진다. 성공 직장인으로서 한 발 내딛는 것이다. 상사를 만족시키면 상사를 관리할 수 있다. 단 부하직원의 행동은 진솔해야 한다. 상사에게 가식적으로 보인다면 안 하느니만 못하다.

앞에서 부하직원의 대표 맞춤 행동을 3가지 관점에서 개괄 소개했다. 여기서는 상사 중심 관점의 맞춤 행동에 초점을 맞춘다. 스마트한 부하직원이라면 상사 관리를 위해서 어떤 행동을 취할까? 부하직원이 실천할 수 있는 여러 가지 맞춤 행동 중에서 '상사가 중심'인 행동에 대해 살펴보자. '상사가 중심'이라는 의미는 상사의 개인적 특질에 초점을 맞춘 부하직원 행동을 의미한다. 대표 행동은 아래와 같다.

상사 중심의 부하직원 맞춤 행동

구분	부하직원 맞춤 행동
상사 중심	1) 상사를 칭찬하기 2) 상사 약점 건드리지 않기, 흠집 내기 금지 3) 상사에게 정보 제공하기 4) 상사에게 공㩲을 돌리기 5) 회식 자리에서 상사 옆에 앉기 6) 상사 자주 찾아가기 7) 상사 유형과 상황에 적합한 대화법(개인적 대화)

첫째, 상사를 칭찬하고 인정하는 행위다. 이 행동은 매우 효과적이

다. 상사도 인정받고 싶고 칭찬받고 싶어 하기 때문이다. 1장에서 언급한 대로 칭찬과 인정 욕구는 모든 인간에게 해당한다. "내가 왜 굳이 상사를 칭찬해야 하지? 그거 아부 아니야?"라는 생각이 들 수 있다. 하지만 사회적 동물인 인간에게 나이나 직급을 떠나서 칭찬과 인정은 돈으로 따질 수 없는 소중한 의미가 있다. 더구나 칭찬과 인정을 베푸는 것은 돈이 들거나 닳아 없어지는 것도 아니다. 아낄 필요가 있을까?

'칭찬'과 '인정'이라는 두 단어는 왜 자주 붙어 다닐까? 칭찬을 받게 되면 그 말을 듣는 사람은 상대편이 자기를 인정해줬다고 생각하기 때문이다. 진정성 있게 건네는 칭찬 한마디로 상대방은 살맛을 느낀다. 오늘부터 상사에게 칭찬의 말을 건네 보자. 칭찬하기가 어렵다면 상사와 대화 도중 "감사합니다, 큰 도움이 되었습니다."라는 말도 좋다. 진정성 있는 느낌으로.

둘째, 상사 약점을 건드리거나 흠집 내기는 하지 않는다. 상사 약점을 건드려서 자존심에 상처를 주는 것은 위험하다. 상사 의견에 반대할 때는 상사 기분이 상하지 않도록 발전적 대안을 제시하는 것이 좋다. '역린'은 건드리면 안 된다. '역린'이란 용의 목에 거꾸로 난 비늘, 약점을 말하는데 그 부분을 건드리는 순간 용(군주의 의미)의 노여움이 폭발한다는 뜻이다. 〈역린〉이라는 현빈 나오는 영화도 있었다.

셋째, 상사가 관심을 가질 만한 정보를 제공하는 행동은 유익하다. 상사가 모르는 정보를 제공할 때 그는 고마움을 느끼고 동료 의식이 강화된다. 물론 신뢰성 있는 정보여야 한다. 그런데 사내 정치와 관련된 정보를 상사에게 제공하는 행동은 위험할 수 있다. 상사에게 섣불리 줄 서는 것처럼 보이기 때문이다. 중립적 태도를 견지하는 데 문제가 생길 수 있다.

넷째, 상사에게 공㉠을 돌리는 행동은 상사를 만족시키는 행동이다. 부서 내에서 어떤 프로젝트를 추진한다고 가정해보자. 실제 프로젝트 수행은 부하직원이 하더라도 나중에 성과 평가를 받을 때는 결국 부서와 부서장 이름이 앞에 붙게 된다. 상사 중에는 스스로 공을 부각하는 얄미운 예도 있겠지만, 어차피 다른 상사나 동료들은 핵심 역할을 누가 하는지 알고 있다. 부하직원이 나서서 자기 생색을 내고 다닐 필요는 없다. 오히려 마이너스가 될 수 있다. 상사의 추진력과 도움으로 잘 마무리하게 됐다고 말하라.

다섯째, 회식 자리에서 대부분 직장인은 상사 옆에 앉기를 꺼린다. 이런 상황은 여러분에게 기회가 될 수 있다. 경쟁하고 있는 동료들이 저절로 비켜주니까. 적극적 태도로 이 기회를 활용하면 어떨까? "요사이 무척 건강해 보이시는데 어떤 운동을 하세요?", "이사 준비는 잘되어 가세요?" 이런 대화를 통해 상사의 일상사와 고민을 알게 되고 상호 공감대를 형성하는 기회도 얻는다.

여섯째, 상사와 종종 대면해야 한다. 업무 보고할 일이 뜸하여 마주치는 빈도가 낮아진다면 간단한 보고 거리(진행 중인 업무의 중간 보고, 이번 주 일정 계획과 관련된 얘기 등)를 만들어 정기적으로 얼굴을 대하는 것이 좋다. 자주 안 보면 멀어지고, 멀어지면 마음이 떠난다. 상사는 부하직원이 일이 적거나 한가롭다고 생각할 수도 있다. 이러면 곤란하다. "저 친구 나를 슬슬 피하는 것 같은데."라고 생각할 수도 있다. 상사를 외면하고 거리 두기를 하기보다 적당한 거리 안으로 들어가기를 권한다.

마지막 일곱째, 상사 유형과 상황에 적합한 대화(개인적 대화)하기. 이에 대해서는 3장에서 상세히 다룰 예정이다.

대표적인 상사 중심의 맞춤 행동에 대해 알아봤다. 일 잘하는 직원들은 상사 요구를 센스 있게 파악한다. 상사가 무엇을 원하는지 잘 파악하려면 평상시 여러분 곁을 지나가는 상사에게 관심을 가져야 한다. 인사를 건네면서 상사 얼굴을 쳐다보자(2초 이내, 너무 오래 보면 이상함). 얼굴에서 무엇이 느껴지는가? 상사가 피곤해 보이나? 요즘 건강이 안 좋은가? 얼굴에 수심이 가득하다. 무엇이 상사를 괴롭히는 걸까? 상사가 기분이 아주 좋아 보이는데 왜 그럴까? 질문을 던지면 답이 보일 것이다.

이번에는 업무에 초점을 둔 부하직원의 전술 행동을 알아본다. 회사 생활은 업무 수행의 연속이다. 여러분이 업무를 마주하는 태도와 업무의 결과가 상사 니즈를 만족시키고 있는지 돌아봐야 한다. 업무 처리 과정도 결과 못지않게 중요하다. 대표 맞춤 행동들은 아래와 같다.

업무 중심의 부하직원 맞춤 행동

구분	부하직원 맞춤 행동
업무 중심	1) 상사가 중요시하는 업무에 우선순위 두기 2) 상사 유형과 상황에 적합한 업무 보고 3) 상사 유형과 상황에 적합한 업무 대화법 구사 4) 상사 약점을 보완해주는 행동 5) 상사의 성공을 지원하는 행동 6) 적극적 태도 7) 책임감 있는 행동

1) 상사가 중요시하는 업무에 우선순위 두기

우리는 대부분 성실한 직장인이지만 한 번 의심해봐야 한다. 지금 하는 일들이 상사가 중요시하는 일인지, 가려운 데를 긁어주는 일인지 말이다. 어떤 상사는 매출 실적 외에는 신경을 안 쓰는 사람이 있다. 그렇다면 매출을 올릴 수 있는 일을 해야 한다. 만약 당신이 매출 실적을 올리는 일과 직접 연관이 없는 관리 부서라면? 그렇다면 관리 부서 직원은 사업 부서가 매출 실적을 잘 달성할 수 있도록 지원하는 일에 초점을 맞춰야 한다. 예를 들면 수주 추진을 위한 계약 업무, 입찰 제안 서류 지원 업무를 강화할 수 있다. 상사의 올해 목표가 동남아 시장 진출이라면 이와 관련된 일을 추진해야 한다. 마음이 콩밭(동남아 시장)에 가 있는 상사에게 국내 협력사를 소개하면서 국내 영업을 강화하고자 하면 어떻게 되겠는가? 상사가 어떤 업무에 방점을 두고 있는지는 회사와 부서 사업 계획을 보면 알 수 있다. 월간/주간 업무 회의에서의 코멘트, 평상시 발언들을 종합해서 업무 우선순위를 감지할 수 있다.

2~3) 상사 유형과 상황에 적합한 업무 보고, 업무 대화법 구사

이 부분은 다음 장에서 다루기로 한다.

4) 상사 약점을 보완해주는 행동

상사 약점을 보완하는 행동은 상사 관리를 위한 핵심 활동이다. 상사가 특정 업무에 경험이 없다면 부하직원은 그 부분에 주목할 필요가 있다. 만약 부하직원이 그 업무를 잘 처리한다면 상사와 상호 보완관

계에 놓이게 된다. 부하직원은 유능한 일꾼으로 인정받게 되고, 상사와의 일방적인 '갑'과 '을' 관계에서 벗어나게 된다. 예를 들면 A 상사는 영어가 약하다. 영어를 잘하는 부하직원은 영문 계약서 검토나 영문 문서 작성을 통해 상사의 어려움을 해소해줄 수 있다. B 상사는 소통과 협업 기술이 약하다. 이때 부하직원이 인접 부서 과장들을 설득하고 협력을 끌어낸다면 상사는 천군만마를 얻은 느낌일 것이다.

5) 상사가 성공할 수 있도록 지원하는 행동

부하직원은 조직에서 상사와 한배를 타고 목표를 향해 나아가는 공동 운명체다. 부서장과 부하직원들 간 협력하지 못한다면 부서 성과는 엉망이 될 것이고 그 피해는 부서원 전체에 돌아갈 것이다. 상사가 마음에 안 들더라도 업무적으로는 상호 협력하고 지원하는 자세가 필요하지 않을까? 성공에 따른 혜택은 부하 자신에게 돌아온다. 부하직원이 상사보다 너무 앞서 나가거나 성공을 독차지하려 하면 여기저기서 견제가 들어올 수 있다. 상사가 견제할 수도 있고 동료들이 불편해할 수도 있는 등 부작용이 생긴다.

6) 적극적 태도

적극적 태도의 반대는 수동적 태도다. 상사들이 가장 싫어하는 부하가 수동적이고 소극적인 자세를 가진 사람이다. 상사가 시킨 일만 하고 자기 일은 딱 거기까지라고 선을 긋는 직원들이 있다. 그러면 상사도 부하직원의 능력은 딱 거기까지라고 보게 된다. "이건 내 일이야,

내가 책임지고 잘 마무리해야지.", "이 일을 하게 되면 전문가로 한 단계 성장할 수 있어."라는 긍정적 태도가 필요하다.

신입사원의 경우, 궂은일도 자진해서 하는 모습을 보이면 빨리 적응하는 데 유리하다. 부서를 대표해 홍보 전시회나 설명회 준비에 도움을 준다든지, 부서 회식이나 문화 공연을 준비하는 총무 역할을 해볼 수 있다. 자기 시간을 더 할애해야 하는 어려움이 있지만, 새로운 일을 시도하여 경험을 얻게 된다. 상사에게 적극적인 사람으로 각인될 수 있다. 간단한 회식 자리 준비도 실제 해보면 신경 쓸 일이 많다. 여러 사람 입맛 맞추기 어렵다는 걸 알게 된다. 무난히 행사해내면 상사와 동료들은 신입사원을 새 일꾼으로 인정할 것이다.

7) 책임감 있는 행동

책임감 있는 행동은 맡은 일을 끝까지 책임지고 마무리하는 것, 업무 과정에서 문제가 생겨도 회피하지 않고 정면 돌파하여 완수하는 태도다. 의외로 책임을 회피하는 사람이 많다. 문제가 생기면 다른 사람들이나 타 조직에 책임 전가를 한다. 또는 "애초에 지시받은 건 여기까지뿐이다."라거나 불가피한 상황 논리를 펴기도 한다. 상사는 책임을 전가하거나 회피하는 부하를 믿지 못한다.

상사에게 책임을 돌리는 예도 있는데 치명적인 실수를 하는 것이다. 자기가 해야 할 일인데도 남의 일 얘기하듯이 말하는 부하직원도 있다(은연중 "상사 네게 책임이 있는 거지, 나는 아니야."라는 신호다).

상사는 이런 직원을 믿지 못하기 때문에 다음번에는 중간중간 진행 경과를 점검하는 등 감시를 강화하게 된다. 결국 업무 간섭이 심해지고 부하직원의 주도적인 일 처리 공간이 사라진다. 권한 위임도 적극적으로 하지 않을 것이다. 성장의 기회가 될 수 있는 업무를 도맡아 하기 어려워진다. 반면 경험이 부족하더라도 책임감을 느끼고 상사에게 물어가며 해결해 나가는 직원은 믿음직하다.

부하직원의 업무 중심 행동을 살펴봤다. 상사가 중요시하는 업무에 우선순위를 두고, 상사 약점을 보완하는 역할을 하고 있다면 여러분은 이미 인정받고 있을 가능성이 크다. 만약 소홀했던 부분이 있다면 지금부터라도 신경을 써보자.

6. 부하가 중심인 상사 관리법

'부하 중심'이란 부하가 자신의 성과를 상사에게 어필하는 행동이나 자기 전문성을 키우는 행위 등을 말한다. 부하 자신에게 초점을 맞추고, 스스로 강점을 개발해 상사에게 어필하고 상사를 만족시키는 행동이다. 상사에 대한 일회적 행동뿐 아니라 중장기 자기계발 노력과 개선 활동이 포함된다.

부하 중심의 부하직원 맞춤 행동

구분	부하직원 맞춤 행동
부하 중심	1) 내 성과를 상사에게 표현하는 행동 2) 내 전문성(강점)을 상사에게 어필하는 행동 3) 내 차별성 키우기 4) 자신감 있는 모습 보이기 5) 내 태도를 상사 스타일에 맞추기

1) 내 성과를 상사에게 표현하는 행동

여러분 곁에 있는 동료와 선후배들을 둘러보라. 자기 성과를 얄미울 정도로 잘 포장해 어필하는 사람들이 있지 않은가? 자기가 한 일에 대해 지나치게 포장하거나 자랑이 심한 사람이 있지만, 묵묵히 일만 하면서도 있는 듯 없는 듯 존재감 없는 사람도 있다. 이런 경우 부하 직원이 도대체 무슨 일을 하고 있는지 상사가 잘 모를 수 있다(리더십 있는 상사라면 일일이 챙길 수도 있지만, 상사가 다 그렇지 않다). 어떤 일을 했는지도 인지하지 못하고 정기 인사 평가를 받을 때 손해를 볼 수 있다.

그동안 열심히 일해 왔고 부서의 온갖 궂은일을 도맡아 했는데 승진이 안 되거나 인정받지 못하고 있는가? "일은 내가 더하는데 상사는 왜 저 친구만 좋아할까?"라는 생각이 드는가? 그렇다면 여러분이 한 일에 대해 잘 포장해 상사에게 적시에 잘 표현해야 한다. 상사에게 알리지 않으면 상사는 모르고 지나간다. 주간/월간 업무 보고 자리는 좋은 기회다. 예를 들면 A 대리는 회의 자리에서 지난주 한 일과 이번 주 할 일을 양식에 적어 놓은 대로 나열식으로 읽어나간다. 업무 리스트는 우선순위나 중요도와 상관없이 구성돼 있다. 이러면 팀장으로서는 A 대리가 하는 일들이 머리에 잘 들어오지 않는다. 반면 B 대리는 업무 리스트를 만들 때부터 상사가 중요시하는 우선순위에 따라서 정리한다. 중요한 이슈는 발표할 때 설명한다. 지난주 완료한 업무가 있다면 그 일이 처리됨으로써 어떤 이익이 발생하게 됐고 어떤 문제가 해결됐는지 강조한다. 이렇게 B 대리는 회사에 가치 있는 일을 했다는 점을 은연중 상사에게 부각하고 있다. 별도 PPT를 한 장 준비해 개선 효과를 그림으로 보여주고 장, 단점 분석표를 제시한다. 상사는 "B 대리, 중요한 일들을 잘 처리했군." 칭찬한다.

대부분 회사가 연초 직원들에게 연간수행업무 보고서나 성과평가서 (연초 제출한 업무 목표 대비 1년간 수행한 업무 실적을 적는 양식)를 제출하도록 한다. 이때 별생각 없이 1년간 수행한 업무들을 나열식으로 작성하는 사람이 많다. 좋은 기회를 포기하는 것이다. 내가 한 업무를 상사가 쉽게 이해하도록 성격별로 묶어주고, 우선순위에 따라 정리하는 것이 중요하다. 매일 루틴하게 하는 일도 무시하고 지나치지 말자. 그런 일도 조금만 개선을 가한다면 사내혁신 활동 성과로 인정받을 수 있다. 자기가 한 일을 잘 엮어내어 표현해보자.

2) 내 전문성(강점)을 상사에게 어필하는 행동

누구나 자기만의 강점이 있고 남보다 잘하는 것이 있다. 상사에게 "나는 이런 걸 잘해요."라고 드러내야 한다. "내 입으로 어떻게 그런 말을 해."라고 생각할 수 있다. 하지만 자기를 낮추고 겸손한 모습을 보이는 것이 미덕은 아니다. 회사는 조금 심하게 표현하면 정글이다. 내가 말하지 않으면 상사는 내 무기에 대해서 알 수 없다. 예를 들어 수출입 경험이 있어서 무역 업무를 잘 안다거나 영문 번역을 잘할 수 있다면 그걸 자연스럽게 알려야 한다. 부서에서 어떤 일을 수행할 사람이 마땅치 않아 고민하고 있을 때 상사는 당신 생각이 날 것이다. 파워포인트를 다루는 능력, 소프트웨어 개발 능력, 법무나 세무 분야 능력도 좋다. 어떤 직원은 고객을 편하게 응대하고 원활하게 협상하는 능력을 갖추고 있다. 강점을 찾아서 쓰임새를 부각해보자. 사내에서 "이 건은 김 과장 찾아가 보세요."라는 말이 회자한다면 김 과장은 회사 생활 잘하고 있는 거다.

3) 내 차별성 키우기

회사에서 인정받고 살아남기 위해서는 차별성을 갖춰야 한다. 여러 분을 대체할 수 있는 동료들이 많다면 곤란하다. 위 2)번에서 말한 '전문성'과 '차별성'은 다른 개념이다. '전문성'이 한 분야에서 깊이 있게 아는 지식과 경험을 의미한다면, '차별성'은 남과 다른 점을 말한다. 내가 하는 업무가 전문적이라 하더라도 다른 동료가 쉽게 수행할 수 있다면 내 차별성은 떨어지는 것이다.

따라서 조직에서 롱런하기 위해서는 자기계발을 통해 지속해서 차별성을 구축해 나가야 한다. 남들이 꺼리는 일 중에서 조직에 도움 되는 일이 있다면 무주공산이다. 예를 들어 나는 '업무 매뉴얼 만들기'를 앞장서서 하곤 했다. 부서에서 특정 업무 노하우가 쌓여 있는데도 매뉴얼화가 안 되어 있는 경우가 많다. 매뉴얼 만드는 일이 귀찮고 매우 어려운 과정이라 누구도 선뜻 나서지 않는다. 이럴 때 먼저 그 일을 할 수 있다. 매뉴얼 작업을 하면서 그 업무의 A부터 Z까지 상세하게 숙지하게 되는 이점도 생긴다. 회사에서 그 분야의 탑으로 인정받게 된다.

연관 분야의 새로운 일이 있는지 찾아볼 수도 있다. 새 분야로 자기 역량을 확장할 때는 핵심 역량과 유관한 주변부로 확장하는 전략이 유리하다. 예를 들어 통신 쪽 엔지니어가 갑자기 회계 업무를 해보겠다고 하는 건 성공 확률도 낮고 경력 관리에도 불리할 것이다. 그보다는 전기나 보안 쪽으로 역량을 키우는 방안이 유리할 것이다.

4) 자신감 있는 모습 보이기

매사 자신 없어 보이면 정말로 능력이 없다고 여긴다. 상사가 잘못된 선입견을 품을 수 있다. 성공한 사람들은 항상 자신감을 내뿜는 모습을 연출한다고 하지 않는가? 캐나다 심리학자 앨버트 반두라^Albert Bandura의 '자기효능감^self-efficacy' 개념이 있다. '자기효능감'이란 자신이 어떤 일을 잘 해낼 수 있다는 자신의 믿음을 말한다. 자기효능감이 높은 사람은 어떤 일을 할 때 목표를 세우고 그걸 달성할 수 있다는 긍정적 생각을 가진다. 어려움에 봉착해도 돌파하면서 결국 목표를 달성해낸다. 이런 성공 경험들이 쌓이면 더 자신감이 강화된다. 자기효능감이 충만한 모습으로 상사에게 다가가자.

5) 내 태도를 상사 스타일에 맞추기

태도는 개인의 가치관이나 오랜 세월 쌓인 습관에 뿌리를 두고 있어 쉽사리 바꾸기 어렵다. 하지만 여기서는 우리 가치관이나 습관을 송두리째 상사 스타일에 맞추자는 건 아니다. 상사가 서면 보고보다 구두 보고를 더 좋아한다면 구두 보고를 먼저 하는 식으로 코드를 맞추자는 것이다. 내 상사가 다른 사람으로 바뀌었다고 가정해보자. 새 상사는 이전 상사와 달리 보고서에 논리를 뒷받침하는 근거 자료 첨부를 좋아한다. 그걸 알게 됐다면 그 스타일에 맞추는 것이 좋다. 새로운 스타일을 대수롭지 않게 생각하여 뭉갠다면 어떻게 될까? 상사는 부하직원이 자기를 무시한다고 생각하거나 그의 역량이 떨어진다고 여길 수 있다.

부하 중심 맞춤 행동에 대해 알아봤다. 상사에게 전문성을 어필하고 차별성을 키워나가는 행동은 조금 지속적인 노력이 필요하고 시간이 투자되는 일이다. 상사와 긍정적인 관계를 구축하고 자신감 있는 태도로 그에게 다가서려면 꾸준한 자기계발이 병행돼야 한다.

10년 전 화창한 5월 어느 날, 동종업계 회사들이 함께 모여 직원 체육대회를 개최했다. 푸르른 하늘 아래 모두 한바탕 즐겁게 운동을 했다. 시상식을 마지막으로 행사는 끝나고 돌아가는 버스에 몸을 실었다. 버스가 출발하자마자 옆에 앉은 K 사장님과 대화를 나누게 됐는데 기다렸다는 듯 하소연을 했다. "회사 올해 실적 괜찮으세요? 우리 회사는 올해 힘든 한 해가 될 것 같아요. 휴, 이럴 때일수록 직원들이 알아서 잘해주면 좋겠는데."라며 말을 흘린다.

"직원들이 마음에 안 드는 부분이 있으신가 보죠?" 나는 조심스레 질문했다. "우리 회사는 어려운 상황에서도 연봉과 복리후생을 업계에서 높은 수준으로 유지하고 있어요. 중소기업에서 신입사원 연봉을 ***원 정도 주면 잘 주는 거 아닌가요? 그런데 직원들은 고맙게 생각하는 것 같지 않아요. 당연하게 여기는 거죠. 일은 매너리즘에 빠져서 시켜야 움직이지 스스로 알아서들 하지 않아요. 왜 그럴까요? 자발적으로 일을 잘하게 하는 방법은 없을까요?" K 사장님은 답답한 마음에 말을 쏟아내었다. "대부분 그렇지요. 우리 회사도 마찬가지입니다. 자발적으로 일하고 영업도 주도적으로 해주는 그런 직원 드물지요." 나도 공감했다. "우리 회사에는 한 명도 없어요. 그런 직원이." K

사장 답이 이어졌다.

나는 그 자리에서 더하고 싶은 말이 있었으나 회사 속사정도 모르는데 말 꺼내기가 어려웠다. 달리는 버스 창밖을 보며 속으로 생각했다. "직원들이 일을 자발적으로 하도록 권한 위임이나 동기 부여 방법에 신경을 쓰고 계시는지 궁금합니다. 혹시 직원들에게 시시콜콜 업무 지시란 지시는 다 하고 있지 않으신지요? 연봉이나 복리후생 조건이 직원들에게 주인의식을 가지도록 동기 부여하지는 않습니다."

사실 주도적으로 일 잘하는 직원이란 어느 조직이나 드물게 마련이다. 그런 직원은 회사에서 상사가 인정할 뿐 아니라 애지중지하게 된다. 더구나 우수한 직원을 뽑기 어려운 중소기업에서 이런 현상은 더 심하다. 중소기업은 연봉이나 복리후생 조건이 대기업보다 열악하다 보니 직원들이 받은 만큼만 일하겠다는 풍토가 더 심할 수 있다. 따라서 회사가 직원들을 소중한 자산으로 생각한다는 신호를 주지 않으면 직원들은 회사에 대한 애정과 소속감을 느끼기 어렵다. 소속감이 없으면 당연히 주인의식이 형성되기는 매우 어렵다. 시킨 일만 잘해도 다행인 상태가 되는 것이다.

많은 회사 경영진들이 K 사장과 비슷한 고민하고 있다. 내가 다니는 회사에서도 임원들 간 화두가 되곤 했다. 상사가 있든 없든 직원들이 스스로 일하는 상태, 즉 '주인의식'은 어떻게 해야 생기는 것인가? 리더십 이론과 경험을 통해 정리해본 해답은 다음과 같다.

1) 연봉과 복리후생 조건이 좋다고 주인의식과 업무 몰입도가 보장되는 건 아니다.

- 물론 연봉과 복리후생 수준이 높으면 좋지만(기본적인 수준도 충족 안 되는 회사들이 적지 않다.) 그건 자발적 업무 몰입을 위한 필요조건이지 필요충분조건은 아니다.

2) 직원은 자기 경력 관리에 도움 되는 일이어야 자발성이 생긴다.

3) 직원은 자율성을 부여해야 책임감과 주인의식을 가지고 일한다.

- 상사가 자율적으로 일할 수 있도록 권한 위임을 해주는가? 이건 매우 중요하다. 수동적으로 시킨 일만 하는 상황에서는 직원의 조직 몰입이 낮게 나타난다. 높은 조직 몰입은 자율성에서부터 나온다.

이쯤 오면 "거봐, 우리 회사가 적절한 환경을 제공해주지 않으니까 직원들이 소속감이나 주인의식이 없는 거지, 회사가 문제야 문제."라고 생각할 수 있다. 하지만 나는 여러분께 반대 의견을 드리고자 이야기를 하는 것이다!

생각해보라. 이런 조건이 다 갖춰진 환상적인 회사와 상사를 만날 확률은 얼마나 될까? 연봉과 복리후생 조건이 좋고, 상사는 내 적성과 경력 관리에 딱 맞는 일을 부여해주고, 전폭적인 권한 위임까지 해줄 확률 말이다. 많이 낮을 것이다. 이런 확률이 로또처럼 내게 올 때까지 손 놓고 멍하니 있을 수는 없다. 회사와 상사의 태도를 바꾸려면 내가 먼저 움직여야 한다.

위 사례에서 보듯이 경영진과 상사는 주도적으로 일하는 직원의 출현을 고대하고 있다. 이럴 때 '짠' 하고 그들 앞에 나타나 주는 것이다. 일의 주인은 여러분이다. 먼저 주도적인 모습을 보이면 상사는 흔쾌히 권한 위임을 해주기 시작할 것이다. 여러분은 권한 위임을 점진적으로 받으면서 일 처리 범위를 넓혀 나간다. 일하는 재미도 커질 것이다. 숨 막히는 조직에서 운신의 폭이 생기면서 일의 주인이 되는 것이다.

상사 관리는 상사를 만족시킴으로써 내가 주도성을 확보하고 회사에서 주인으로 살아가고자 하는 것이다. 상사가 시킨 일만 하지 말고 상사가 그 일을 여러분에게 넘기도록 만들어야 한다. 상사가 자신에게 기대하는 것이 무엇인지 생각해보고 그런 일을 주도적으로 해나갈 준비를 하자.

일의 주인이 '나'라는 생각과 태도는 리더십 이론에서 말하는 '조직 몰입'과 밀접한 관련이 있다. 이 개념은 근자에 와서 '직무 만족도' 개념을 밀어내면서 주목받고 있다. 과거에는 경영자와 컨설턴트들이 직원의 '직무 만족도'에 신경을 많이 썼다. '직무 만족도'가 높은 회사는 이직률도 낮고 열심히 일할 거라는 가정 때문이다. 이를 위해 직원 설문조사과 분석을 정기적으로 하는 회사가 많았다. 하지만 최근에는 '조직 몰입'이 더 주목받고 있다. 왜냐하면 직무에 만족한다고 해서 직원들이 주도적으로 일을 하라는 보장은 없기 때문이다. 그냥 만족하고 다닐 뿐이다. 반면 조직에 몰입하는 직원은 조직과 자기를 동일시하고 업무를 자기 일이라고 생각하여 몰입한다. 직원들이 주인의식을 가지고 일하는지 아닌지를 점검하려면 '조직 몰입도'를 살펴봐야 한다. 조직 몰입이 높은 직장인은 그렇지 않은 사람보다 더 큰 업무성과를 나타낸다.

상사가 리더로 적절한 소양을 갖추고 있느냐, 즉 합리적 사고방식과 소통 능력, 부하직원에 대한 관리 역량을 가지는지 아닌지는 기업 크기와도 관련이 있다. 기업 크기란 매출액/자산 규모와 직원 수에 따라서 대기업, 중견기업, 중소기업으로 구분되는 것을 말한다. 여기서는 편의상 대기업과 중소기업으로 표현한다.

다 그런 것은 아니지만 중소기업 상사들은 대기업 상사들보다 부하직원을 다루는 리더십과 합리적 의사소통 역량이 떨어지는 경향이 있다. 대기업과 중소기업, 양쪽에서 오래 근무해본 개인적 의견이다. 내게는 중소기업을 다니는 딸과 대기업에 취업한 아들이 있는데 모두 직장 생활하면서 힘든 상사를 만나기도 하고 어려운 시기를 겪는 걸 본다. 그런데 중소기업이 상대적으로 더 심한 편이다. 중소기업 다니는 직장인들은 상사와 바람직한 관계 구축이 대기업보다 어려울 수 있다.

회사 생활 잘하는 법이나 직장인 자기계발 도서들을 보면 대기업 직장인을 염두에 둔 책이 많다. 리더십과 조직 문화 관련 도서는 더하다. 대기업과 글로벌 기업을 대상으로 얘기하는 경우가 많다. 중소기업 직장인들이 소외감 느낄 수 있다. 독자 중에도 중소기업에 다니는 분이 많을 것이다. 2017년 중소벤처기업부 통계 자료를 보면 우리나라 대기업 수는 약 4천 개, 중소기업 수는 약 370만 개로 전체 기업 수에서 중소기업이 차지하는 비율은 99.9%이다. 종사자 수를 보면 대기업은 약 177만 명, 중소기업은 약 1,550만 명으로 중소기업 종사자 비율은 89.8%이다. 중소기업 종사자 비중이 압도적이다. 상사 관리에 대해 논의를 할 때 중소기업의 특수성을 고려해야 하는 이유다.

1. 중소기업의 약점

고용노동부에 따르면 2017년 중소기업 이직률은 5.0%로, 2012년 5.4% 이후 최고로 치솟았지만, 대기업 이직률은 2.8%로 2010년 이후 최저였다. 중소기업과 대기업간 이직률 격차는 2.2%로 2010년 통계조사 이래 최대 격차를 보였다. 고용노동부는 중소기업의 높은 이직률 원인으로 아래 3가지를 꼽았다.

1) 연봉과 복리후생 조건이 대기업보다 열악하다.

2) 대기업보다 장시간 노동을 하는 경우가 많다.

3) 전문성을 키우기 어려운 환경(경력 관리의 문제)이다.

상기 원인은 중소기업 직장인들이 어려움을 겪는 대표 약점들이다. 그런데 이렇게 겉으로 드러난 문제 말고도 내부적인 어려움이 있다.

중소기업의 추가적인 약점을 살펴보자.

1) 중소기업 상사의 리더십 역량과 합리적 태도 결여

대기업 상사들은 신입 시절부터 리더십과 소양 교육을 받는다. 비합리적인 태도나 행동을 일삼는 경우엔 거대 조직 내에서 동료와 상사의 상사, 인사부서로부터 감시와 혹독한 평가가 따른다. 따라서 대부분 상사는 일정 수준의 리더십 소양과 합리성을 갖추게 된다. 또한 사내에 모범으로 삼을 만한 훌륭한 상사가 많아서 이들을 보고 배우며 리더로 성장한다. 반면 중소기업에서는 이런 여건이 갖춰지지 않아 리더십 역량이 떨어지거나 비합리적인 상사가 상대적으로 많다고 볼 수 있다. 좋은 리더십 자질을 갖춘 상사가 있더라도 가족 경영 형태의 중소기업에서 부하직원들에게 올바로 리더십을 발휘하기 힘든 경우도 있다.

2) 싫어하는 상사를 피해 조직을 옮길 기회가 적다

회사 규모가 작은 경우, 한 부서에 배속되면 거기서 퇴사할 때까지 근무할 수 있다. 상사가 잘 바뀌지도 않는다. 대기업과 비교해 상대적으로 정기적인 인사 이동이나 조직 개편이 적다.

3) 상하 간 신뢰 관계 부족

모든 중소기업에 해당하는 얘기는 아님을 먼저 밝혀 둔다. 직원을 소모품 정도로 여기는 회사들이 있다. 경영진이 직원을 신뢰하지 않는 분위기가 존재한다. 회사 경쟁력을 키우려면 직원을 믿고 그들에게 투자해야 하는데 그렇게 하지 않는다. 가족이나 친척 아니면 믿지 않는 기업들도 있다. 요즘처럼 청년 실업이 심해 취준생들이 남아도는 상황에서 너무 쉽게 사람을 뽑고 또 내보낸다. 중소기업이 처한 어려운 경제 환경에서 불가피한 경우도 있겠지만….

중소기업 신입사원 초임 연봉은 오랜 기간 동결되거나 오히려 줄어든 것 같다. 대기업과의 연봉 격차는 더 커지고 있다. 이런 이유로 중소기업 직원들은 이직 기회를 엿보거나 '월급 받는 만큼만 일하자'라는 분위기가 팽배해진다. 이런 분위기에서는 경영진과 상사, 상사와 부하직원 간 신뢰 관계가 구축되기 어렵고 직원들의 조직 몰입도가 낮아진다. 직원들의 이직률이 높고 회사에 마음을 주지 못한다(물론 오너도 직원들에게 마음 준 적이 없겠지만).

4) 체계적인 교육 훈련 기회가 적다

대기업은 신입사원 직무 교육이나 소양 교육, 진급자 교육 등 세세한 부분까지 교육을 제공한다. 개인 업무 시간 외에 교육 시간을 공식적으로 할애해주고 전사 차원에서 교육을 독려한다. 그러나 중소기업은 직원을 위해 업무 시간을 빼주는 경우가 적고 교육받으라고 권장하기 어려운 현실이다. 교육 훈련 프로그램을 관리하는 인력도 따로 없다.

이쯤 오면 중소기업 다니는 독자들은 우울해질 것이다. '그래서 어쩌라고? 도대체 이런 얘기 늘어놓는 저의가 뭐야?'라고 생각할 수 있다. 우리가 처한 상황을 이해하고 상사 관리 방법을 찾기 위함이다. 오늘 사표를 던질 것이 아니라면 기회를 찾아보고 상사와의 관계도 개선해보자. 중소기업이기 때문에 얻을 수 있는 장점도 분명 있다.

2. 중소기업에서의 상사 관리

1) 싫어하는 상사를 피할 수 없다

조직 규모가 작아서 조직 개편이나 인사 이동 기회가 거의 없다. 배수의 진을 치고 상사와 잘 지내려 노력해야 한다. 싫은 상사와 굳이 가깝게 지낼 필요는 없지만 그래도 중립적인 관계는 유지하는 것이 좋다. 공동 운명체임을 받아들이고 상사 요구를 만족시키는 행동을 해야 한다. 상사의 약한 부분을 보완해주고, 성과에 이바지하는 모습을 보이자. 상사에 따라서 비합리적이고 예측불가능한 행동으로 부하직원을 힘들게 하는 상사도 있을 것이다. 상사가 비록 가치관이 다르고 말투가 마음에 안 들더라도 인간성 자체가 나쁘지 않다면 맞추어갈 수 있다. 만약 상사가 비도덕적인 일을 시킨다거나 폭언, 폭행을 일삼는다면 그건 다른 문제다. 중소기업에서는 다른 부서나 자회사로 이동을 하더라도 그 상사를 다시 만나게 된다. 적대적 관계를 유지하면서 오래 일하기는 힘들다.

2) 자기계발은 자기가 알아서 한다

교육 기회를 받지 못한다고 그냥 주저앉지 말자. 어차피 대기업을 다닌다 해도 본인이 교육 프로그램에 적극적인 열의가 없다면 말짱 도루묵이다. 바야흐로 손가락만 까딱하면 양질의 동영상 교육을 거의 무료로 받는 시대다. 질 좋은 온라인 교육 프로그램이 연중 제공된다. 중소기업부나 지자체에서 운영하는 중소기업 재직자를 위한 온/오프라인 교육 지원 프로그램도 많다. 퇴근 후나 주말에 수강해보자.

3) 경력 관리의 양면성

중소기업은 업무가 세분되어 있지 않고 한 직원이 여러 가지 일을 해야 한다. 이 점은 경력 관리에 큰 도움이 될 수 있다. 대기업에서 지나치게 세분된 일만 하면 전문성은 보유하지만, 회사를 떠나 다른 곳에 가면 써먹을 데가 없다. 받아주는 곳이 없어진다. 동물원에서 오래 산 곰을 야생에 방생하면 굶어 죽는 것과 같다. 중소기업에서 여러 분야의 일을 도맡아 처리해본 경험이 있는 직원은 이직하거나 개인 사업할 때 역량을 발휘한다. 중소기업에서 여러 가지 일을 배우는 것은 좋은 기회다. 더구나 상사의 인정을 받는다면 대기업보다 빠르게 권한 위임이 주어진다.

4) 경영진, 상사와 대화거리가 가깝다

부하직원이 상사, 경영진과 가까운 거리에서 생활하면서 밀접하게 소통할 기회가 많다. 능력을 어필하면서 중요한 역할을 꿰차면 상사와 대등한 관계를 의외로 쉽게 구축할 수 있다. 경영진과도 원활하게 소통하면서 생활할 수 있다. 대기업에서는 언감생심, 어떻게 경영진을 상대하겠는가?

중소기업의 약점이 많기는 하지만 반대로 그 특수한 환경을 잘 활용하면 상사 관리가 더 수월할 수 있음을 알 수 있다. 중소기업 여러분 힘내시기를 바란다.

꼴 보기 싫은 상사와 그럭저럭 잘 지내는 법

3장 | 업무 보고를 잘하면 상사를 관리할 수 있다

직장인의 생활은 업무 보고의 연속이다. 부하직원들로부터 끊임없이 보고를 받아야 하고 상사에게는 적시에 보고해야 한다. 성격 급한 상사는 항상 긴장한 얼굴로 보고를 기다리고 있다. 업무 보고 형식은 간단한 구두 보고부터 전화, 문자, 이메일, 문서 보고 등으로 다양하다. 시간과 공이 많이 들어가는 보고서로는 제안서, 프로젝트 보고서, 마케팅 기획서, 사업 계획서 등이 있다. 이런 보고 활동들이 쌓여서 상사가 나를 평가하는 토대를 이루게 된다.

어떻게 업무 보고를 하면 상사에게 인정받을 수 있을까? 혹시 내 보고방식이 상사 스타일이나 의도와 달라 애를 먹고 있지는 않은지 상사의 관점에서 살펴보자.

첫째, 커뮤니케이션의 중심은 내가 아니고 상사다. 부하직원 보고를 받다 보면 제일 답답할 때가 언제일까? 상대방 입장은 배려 안 하고 자기 생각 위주로 풀어내는 경우다. 부하직원의 말(또는 보고서)이 이해 안 되는 상사는 짜증이 나게 된다. 예를 들면 주 52시간제 도입 방안을 1차 보고한다고 해보자. 담당자는 보고서를 준비하면서 주 52시간제 관련 각종 정보(법규, 유연근무제 내용 등)를 이미 숙지하고 있다. 하지만 상사는 용어도 생소한 다양한 개념을 이해하기가 쉽지 않다. 이때 부하직원이 지식을 뽐내듯 전문 용어를 구사하면서 빠르게 보고하면 상사는 갑갑해진다. 성격 급한 상사는 바로 부정적 태도를 보일 것이다. 신중한 부하직원이라면 상사가 쉽게 이해하도록 복잡한 용어들을 먼저 짚어주고 핵심 쟁점으로 들어갈 것이다. 본인이 알고 있으니 상사도 당연히 알 거라고 착각하면 곤란하다. 상사가 이해할 수 있게 말을 풀어나가거나 문서를 작성해야 한다.

둘째, "상사에게 보고했으니 내 일은 끝났다."라고 생각하지 말자. 상사가 내 의도를 제대로 이해했는지 확인해야 한다. 구두 보고를 할 때는 의견을 모두 말한 후 "그럼 언제까지 어떻게 처리하기로 하였는데 동의하시는 거죠?"라고 확인 과정을 거쳐야 한다. 이런 경험 있을 것이다. 상사가 분명히 고개를 끄덕이며 동의해서 일을 처리했는데 나중에 엉뚱한 반응을 보이는 경우다. 상호 소통 과정에서 치명적 오류가 발생한 것이다. 내가 어떻게 말했느냐보다 상사가 어떻게 이해하고 받아들였는지가 더 중요하다. 이메일이나 문서 보고의 경우 상사에게 검토할 시간적 여유도 줘야 한다. 그리고 일정 시간이 지나도 상사의 답변이나 반응이 없다면 확인해야 한다. 상사가 반응이 없으면 마냥 기다리는 부하직원들이 있다. 상사가 나중에 알게 되면 부하직원의 태도를 무책임하게 볼 수도 있다. 상사가 이메일 읽는 것을 잊어버렸을 수도 있고 메일이 삭제될 수도 있다.

셋째, 업무 처리를 했으면 반드시 그 결과를 보고한다. 상사가 물어보기 전에. 상사가 "다음 주까지 벤처기업 등록 갱신하세요."라고 지시했다고 가정하자. 부하직원은 다음 주에 그 일을 잘 처리해놓고 상사에게 보고는 안 한다. 그럼 상사는 그 일이 제대로 처리됐는지 궁금해서 "김 대리, 벤처기업 등록 건 마무리됐나요?"라고 묻게 된다. "예, 부장님, 이번 수요일에 모두 처리했습니다."라고 답한다. 70점짜리 직원이다. 상사는 속으로 "내가 꼭 물어봐야 하나?"라고 생각한다. 90점짜리 직원이라면 수요일에 일 마치자마자 "지난번 말씀하신 등록 건은 금일 잘 처리되었습니다."라고 보고할 것이다. 회사 밖에 있다면 스마트폰 문자 보고라도 할 수 있다. 100점짜리 직원이라면? 상사가 "다음 주까지 벤처기업 등록 갱신하세요."라는 말조차 할 필요 없을 것이다. 스스로 일정 계획을 짜고 업무를 완결해 주간 업무 회의에서 상사에게 보고했을 것이다.

넷째, 중간 보고를 한다. 일의 진행 과정에서 업무 추진이 올바른 방향으로 가고 있는지 확인할 필요가 있다. 부하직원이 중간 보고 없이 마감 전날 보고서 초안을 들고 상사에게 오는 경우가 있다. 치명적이다. 일의 진행이 상사 생각과 완전히 다르게 가고 있다면 상사는 당황할 것이다. 마감이 내일인데 언제 수정할 것인가? 종종 성격이 꼼꼼한 완벽주의자 중에 시간을 끌다가 보고하는 경우들이 있다. 상사가 불안한 마음으로 초조하게 기다리고 있다는 생각은 하지 않는다. 조금 완성도가 떨어지더라도 중간에 상사에게 보고하면서 상호 조율 과정을 거치는 것이 상책이다. 이를 통해 업무 완성도도 높일 수 있다. 부하직원이 상사에게 도움을 요청하거나 업무 내용에 관해서 물어오면 상사들은 대부분 좋아한다. 도움을 청하는 행위는 자기를 존중한다는 표현으로 받아들여지기 때문이다. 최종 보고 시점에 상사 결재는 자동으로 받게 되지 않을까?

다섯째, 상사 지시를 정확히 이해해야 한다. 상사가 지시한 내용을 정확히 이해하지 못했다면 그 자리에서 바로 질문해야 한다. 상사 지시를 지레짐작해서 일하는 건 금물이다. 잘못하면 두 번 일 해야 할 뿐더러 상사와 얼굴을 붉히는 일이 생길 수 있다.

여섯째, 업무의 목적이나 배경까지 이해한다면 프로 직장인. 지시 내용을 정확히 이해했다고 해도 아직 조금 부족하다. 그 일을 상사가 지시한 이유와 배경을 알 필요가 있다. 상사의 의도를 알게 되면 엉뚱한 방향으로 일 처리하는 실수를 줄일 수 있다. 상사 중에는 일의 목적과 의도를 친절히 알려주는 분도 있지만, 부하직원이 그것까지 알 필요 없다는 식으로 일 자체만 지시하는 때도 있다. 예를 들어 "박 대리, 이번 주까지 국내 생수 시장을 조사해주세요. 금요일까지 보고해줘요."라는 식이다. 도대체 왜 갑자기 생수 시장을 조사하는지 배경 설명이 없다. 부하직원은 어떤 강도로 어디까지 조사해야 하는지 감 잡기 어렵다. 상사에게 질문하면 어떨까? "생수 시장을 조사하는 이유를 설명해주시면 좋겠습니다. 그럼 작업 범위나 일정 계획을 세우는 데 도움이 되겠는데요."처럼 물어볼 수 있다. 그런데 질문할 때 "왜 그걸 해야 하는지요? 언제까지 해야 하나요?"라고 질문하면 부하직원이 일하기 싫어서 질문하는 거로 오해할 수 있다. 일을 잘 추진하기 위해서 그 목적과 배경에 대해 알면 좋겠다는 의도로 질의하면 거부감을 느끼지 않을 것이다.

성격 급한 상사에게 인정받는 업무 보고 태도에 대해서 살펴봤다. 업무 보고만 잘해도 상사와 원만한 관계를 유지하는 데 큰 힘이 된다. 내 보고 스타일은 어떤지 점검해보시길 바란다.

문서 보고보다 구두 보고를 가벼이 생각하는 경향이 있다. 상사에게 말로 보고하는 것이니 특별히 사전에 준비할 일도 없다고 생각할 수 있다. 하지만 구두 보고를 접하는 상사는 직원의 몇 마디에 그의 업무 처리 스타일과 역량을 파악해버린다. 문서 보고와 달리 말이란 것은 보고자의 내면을 쉽게 노출하기 때문이다.

따라서 구두 보고를 통해 상사에게 단번에 인정받을 수도 있고, 바로 실망하게 할 수도 있다. 매일 상사와 주고받는 커뮤니케이션에는 일상적인 대화도 있지만 상당 부분은 업무 관련 소통이다. 얼마나 상사를 만족시키는 구두 보고를 하느냐 하는 것은 상사에게 인정받는 매우 중요한 요소다.

첫째, 말하는 사람이 아닌 듣는 사람 시각에서 얘기한다. 내가 알고 있는 업무 파악 내용과 배경을 상사는 잘 모른다. 백지 상태인 상사를 어떻게 하면 빠르게 이해시킬 수 있을까? 상대방이 쉽게 이해하도록 말을 풀어내는 연습을 해보고 상사에게 가기를 권한다. 그리고 내가 말하고 싶은 걸 던지는 게 아니라 상사가 궁금해할 내용(핵심 쟁점)을 중심으로 설명해나가야 한다.

둘째, 결론을 먼저 말한다. 상사는 참을성이 없고 항상 급하다. 결론을 먼저 얘기하고 나서 배경을 설명한다. 도입부를 장황하게 먼저 설명하면 상사는 집중력을 잃고 "그래서 뭔데? 결론부터 얘기해."라고 하게 된다. 결론을 먼저 얘기하고 나서 원인을 설명하면 상사가 부하의 말에 자연스레 주목하게 된다.

셋째, 복잡한 내용의 구두 보고는 메모를 활용한다. 꼬인 실타래같이 복잡한 구두 보고가 종종 발생한다. 상대방이 이해하기 쉽게 설명하는 게 호락호락하지 않다. 이럴 때는 말할 내용과 순서를 메모장에 정리해보고 예상 질문도 추측해 답변을 적어본다. 메모하면 상사 앞에서 더욱 자신 있게 답변할 수 있다. 메모를 보면서 말을 하면 빠트리는 것 없이 보고할 수 있고 상사도 신뢰감을 느낀다.

넷째, 상사가 제대로 이해했는지 확인하는 과정이 필요하다. "박 부장님, 그럼 다음 주 화요일까지 이렇게 처리하겠습니다. 혹시 더 말씀하실 내용이 있으신가요?" 같이 확인을 거친다. 내가 어떻게 말했느냐보다 상사가 어떻게 받아들였는가가 더 중요하다. 말이란 쌍방 간 의사소통을 위해 긴요한 도구이지만 정확성은 많이 떨어진다. 한 연구를 소개하면 말하는 사람은 평균적으로 자기 의사를 50% 정도 표현한다고 한다. 그리고 듣는 사람은 이를 30% 정도 이해한다고 한다. 결국 듣는 사람은 말하는 사람이 하고자 했던 말의 15%만 이해한다는 것이다.

다섯째, 구두 보고를 잘하기 위해 요구되는 필수 기능 5가지를 정리해봤다. 누구나 쉽게 생각하지만, 막상 잘하려면 연습이 필요하다.

1) 육하원칙으로 간단명료하게 말한다.
2) 문장을 너무 길게 말하지 않는다.
3) 대명사를 남발하지 않는다. 주어와 목적어를 명확히 언급한다.
4) 천천히, 또박또박 말한다.
5) 전문 용어를 쓰기보다 쉬운 단어와 표현을 쓴다.

구두 보고 할 때 장황하게 설명하는 사람들이 의외로 많다. 상사는 열심히 귀를 기울이지만, 도대체 무슨 말인지 이해가 안 되어 다시 묻는다. "그래서 언제 그렇게 되었다는 겁니까?" 또는 "그 문제를 일으킨 주체가 그래서 누구라는 거죠?" 같은 식이다. 이런 반응이 나온다면 설명하는 사람이 제대로 보고를 못 하고 있다는 방증이다. 육하원칙으로 간단히 말하는 것이 유리하다.

대명사를 남발하는 것도 듣는 사람 처지에서는 괴롭다. "어제 말씀드린 그 건인데요, 그 회사가 거기서 저 회사에 그걸 제대로 전달 못 해서 그 회사에 문제가 발생했습니다." 같은 식이다. 신기한 건 부하 직원은 스스로 자연스레 얘기했다고 생각한다. 상사는 정색하고 다시 질문한다. "그 회사는 어디고, 저 회사는 어디지요, 문제가 생긴 회사는 A 회사를 말하나요?" 연말 인사 평가 시 상사는 그 직원의 커뮤니케이션 능력 항목에 낮은 점수를 줄 것이 뻔하다.

상사에게 보고할 때 지나치게 빠른 속도로 말하는 사람도 있다. 전문가로 인정받고 싶어서인지 전문 용어를 섞어 쓰며 빠르게 말한다. 상사가 부하직원의 전문성을 인정할 것 같지는 않다. 진짜 전문가라면 누구나 이해하기 쉽게 말해줄 것이다.

여러분께서는 "구두 보고 하나 하는데 고려할 사항이 왜 이리 많지?"라고 생각할지 모르겠다. 하지만 많은 부분은 여러분이 알고 있거나 숙달된 부분일 것이다. 아직 실천을 못한 부분만 주목하시기 바란다.

마지막 여섯 번째는 상사 질문에 대한 올바른 대처법이다. 구두 보고에는 반드시 질문이 따르게 마련이다. 상사의 질문에 모르는 부분이 있을 때 명확히 모른다고 얘기하자. 그리고 "그 내용은 아직 파악을 못했는데 바로 확인해서 보고 드리겠다."라고 하는 것이 자연스럽다. 두루뭉술하게 아는 것처럼 얘기하거나 돌려서 말하면 상사는 눈치챈다. 모르면서 자꾸 둘러대는 것이 보기에 좋지 않다. 특히 상사의 질문 의도를 잘 생각해보지 않은 채 방어적 자세를 취하는 것은 자신감이 없어 보일 수 있다. "이 사안에서 그 내용은 별로 중요하지 않다고 생각합니다." 또는 "알 필요가 없습니다."라고 말하면 곤란하다. 바쁜 상사가 불필요한 질문을 일부러 하는 경우는 드물다. 명확하게 모르겠다고 하고 "확인하겠다." 답하는 게 깔끔하다.

상사를 만족시키는 구두 보고를 하기 위해 고려할 사항들을 살펴봤다. 어렵거나 복잡한 내용은 아니다. 여러분이 소홀히 했던 부분이 있다면 그 부분에 신경 써보기 바란다.

보고서를 보는 순간, 상사들은 보통 몇 분 만에 다음과 같은 두 가지를 파악한다. 첫째, 보고서의 완성도에 대한 느낌이다. 부하직원이 정성 들여서 작성했는지, 아니면 고민 없이 적당히 자료를 만들어 보고한 건지 금방 보인다. 둘째, 결재 서명을 바로 할 단계인지, 조건부로 사인할지, 아니면 수정·보완 지시를 할지에 대한 판단이다. 상사는 유사한 형태의 보고서를 수백 번 작성해봤을 것이다. 여러분에게 보고서 수정을 지시한다면 기분 나쁘더라도 지적 사항을 주의 깊게 들어보자. 이해하고 수용할 부분이 있을 것이다. "자세히 읽지도 않고 빨간 줄 쫙쫙 그으면 어쩌란 거야?"라고 생각될 수 있지만, 상사가 일부러 트집 잡을 확률은 적은 것 같다.

상사 중에는 보고서에 대한 지적을 마땅히 상사가 해야 할 의무라고 생각하는 사람들도 있다. 누가 보아도 그 정도 내용이라면 의사 결정을 내리는 데 문제가 없어 보이는데 꼭 수정을 지시한다(보고서 작성법에 대해 부하직원을 교육할 요량이라면 다른 얘기지만). 상사가 지나치게 꼼꼼하거나 의사 결정 장애가 있어서 결정을 빨리 못하는 예도 있다. 계속 다른 식으로 보완해서 가지고 오라 한다. 그러면 부하직원은 상사가 지시한 대로 수정해서 보고한다. 이번에는 여러 방안에 대한 비교표를 만들고 각 장, 단점을 정리하라고 한다. 많이 경험해 보셨으리라. 직급이 올라갈수록 이게 심해진다. 직급이 높을수록 경영진을 상대하는 전략적 결정이 많아지므로 판단이 쉽지 않기 때문이다. 또한 책임져야 할 일이나 위험 총량은 더 커진다. 업무 경험이 아주 많고 전문성 강한 상사 중에는 빠른 의사 결정을 해주고 보고서 보완 지시를 명쾌하게 해주는 사람도 있다. 이런 상사를 모시고 있다면 복 받은 분이다. 하지만 복잡하고 전략적인 결정을 해야 하는 경우 방향성 없이 보고서를 계속 수정해 오라고 하는 경우가 많다. 상사 자신도 의사 결정을 위한 아이디어들이 정리되지 않고 있어서 나타내는 현상이다.

이렇게 계속되는 지적과 수정 작업을 최소화하는 방법이 있다. 상사들이 아주 좋아하는 방법이다. 보고서를 쓸 때 핵심 쟁점에 대해 시나리오(케이스)별로 작성하는 것이다. 예를 들어 업무용 차량 구매를 위한 기안서를 쓴다고 가정해보자.

합리적 구매 의사 결정을 위해 1안은 차를 직접 구매하는 경우, 2안은 빌리는 경우로 나눠 정리하고 상호 장, 단점을 비교할 수 있다. 또는 회사의 필요에 따라서 1안은 휘발유 차량을 구매하는 경우, 2안은 디젤 차량을 구매하는 경우로 나눠 보고할 수도 있다. 회사에서 만약 직접 구매와 대여 여부, 그리고 휘발유 차량과 디젤 차량 중 어느 것을 선택할지도 동시에 검토해야 한다면 4개의 안으로 정리하면 된다. 1안은 '직접 구매+디젤', 2안은 '직접 구매+휘발유', 3안은 '대여+디젤', 4안은 '대여+휘발유'가 될 것이다. 이렇게 4개 안을 정리한 후 각각의 특징과 장, 단점을 요약한다. 다음으로 4개 안을 비교, 분석한 후에 잠정 결론을 제시한다. 담당자로서 잠정 결론을 내면서 상사에게 보고하는 것이 바람직하다.

케이스별로 여러 방안을 나눌 땐 'MECE' 원칙을 적용한다. 'MECE'는 'Mutually Exclusive & Collectively Exhaustly'의 약자로서 서로 겹치는 부분이 없으며, 모아 놓으면 완전히 전체를 커버한다는 의미다. 모든 경우의 수를 고려하되 각 경우의 수가 서로 중복되지 않도록 해놓고 검토하는 것이다. 매켄지 컨설팅에서 정보를 수집하고 체계적으로 분류해 해법을 찾는 방식에서 비롯됐다. 예를 들어 성별 케이스를 MECE 기준에 따라 나눈다면 '남자'와 '여자' 둘로 나뉜다. 만약 연봉 수준을 케이스별로 나눈다면 '2,000만 원 미만', '2,000만 원~3,000만 원 미만', '3,000만 원~4,000만 원 미만', '4,000만 원~5,000만 원 미만', '5,000만 원 이상'으로 구분할 수 있다.

MECE 기준을 지키면서 케이스별 대안을 보고한다면 보고서의 완성도가 높아진다. 까다로운 상사의 보고서 지적을 크게 줄일 수 있을 것이다. 상사들은 케이스별로 정리된 보고서를 보면 그 내용을 살펴보기도 전에 일단 안도하는 성향이 있다. 부하직원이 충분히 검토해 작성했을 것으로 생각하기 때문이다.

4차 산업혁명과 기술 발전에 따른 국내외 법규의 변화, 예상치 못한 경쟁자의 등장 등 비즈니스 세계에서 고려해야 할 사항들은 많아지고 있다. 이에 따라 간단히 의사 결정을 내리는 것이 어려워지는 게 현실이다. 과거처럼 직장인들이 정형화되고 표준화된 보고서들을 생산해내는 일은 줄어드는 반면, 지식 기반의 고부가가치 보고서를 생산해야 하는 일이 많아진다. 이제 상사가 기본 방향은 제시해주더라도 실제 기획과 조사, 분석 그리고 보고서 작성에서는 개인의 자발적인 노력과 창의성이 더 요구된다. 직장인으로서 차별화를 꾀할 기회는 오히려 늘어나고 있다.

바야흐로 지식과 정보의 쓰나미 시대다. 4차 산업혁명과 온라인 네트워크의 급속한 확장과 그리고 세계화로 대변되는 지식 정보 사회는 외부 환경 변화가 매우 빠르다는 특징을 가지고 있다. 기업들에는 큰 위기이자 기회다. 환경 변화에 민감하게 반응하는 기업들만이 생존할 것이다. 직장인들이 업무 보고와 의사 결정을 위해 검토해야 할 정보의 양은 폭발적으로 증가한다.

온라인을 통한 소비자 구매는 놀라운 속도로 증가하고 있다. 쿠팡과 배달의 민족 같은 온라인 기반 유통회사들이 급격히 성장하고 오프라인 대형 할인점 매출은 감소하고 있다. 시장은 국가나 영토 경계가 무너지면서 단일화되어 간다. 작금의 코로나 사태는 이런 현상을 더 가속하고 있다.

소비자들은 원하는 제품이나 음식을 온라인에서 검색해 품질과 가격, 그리고 소비자 사용 후기까지 검토한 후 구매 결정을 한다. 소비자의 힘은 강해지고 있고 변덕스러운 소비자 입맛을 충족시킬 수 있어야 회사든 자영업자든 살아남을 수 있는 시대가 됐다. 이에 호응해 톡톡 튀는 아이디어 상품과 서비스들이 매일같이 온라인을 통해 쏟

아져 나온다. 회사는 언제 대체재나 경쟁자가 등장할지 알 수 없는 시장 환경에 노출돼 있다.

이런 환경에서 회사는 빠르고 정확한 의사 결정을 위해 외부 전문가의 지식을 활용하고 전문가 그룹을 이용할 필요성이 커진다. 사내 임직원들이 모든 분야에 정통할 수는 없다. 따라서 사업을 기획하고 검토할 때 전문가 의견을 검색하고 인터뷰를 하거나 자문받는 활동들이 주효하다. 예를 들면 신기술 개발이나 신사업 검토, 투자를 검토할 때 그러하다. 발주처에 제출할 보고서의 질을 높이고 신뢰성을 확보하기 위해 전문가 자문단을 꾸리는 경우도 증가하는 추세다.

신사업 추진을 기획한다고 가정해보자. 담당자가 열심히 국내외 시장 정보, 경쟁자와 기술 동향을 조사하고 의견을 작성해 보고하더라도 상사와 경영진은 의문을 품을 수 있다. 담당자 판단을 신뢰하지 못하고 불안해한다. 이런 걱정과 불확실성을 줄이기 위해 전문가 의견을 검색하고 반영할 필요가 있다.

먼저 전문가의 논문이나 저널을 조사해서 적절하게 정보를 인용하는 방법이 있다. 예를 들면 상사가 국내 축산사료 시장 진출을 위해 1차 보고서를 준비하라고 한다. 그러면 여러분은 아마 다음과 같이 할 것이다. 사료 시장의 정의, 국내 사료 시장의 수요와 공급, 생산자와 수입자 현황, 국내 유통망과 유통업자 현황, 수출입, 세계 동향 등을 조사할 것이다. 그리고 회사가 진입할 만한 분야가 있는지, 만약 진입한다면 경쟁력을 갖출 수 있는지, 수익 시현은 가능할지에 대해 1차 의견을 낼 것이다. 이때 사료협회의 전문가 또는 축산학과 교수의 논문이나 저널을 인용할 수 있다. 만약 해당 산업에서 주요 이슈에 대해 찬반 의견이 있다면 양쪽 전문가 의견을 인용해 보고서 신뢰도를 높일 수 있다. 1차 보고 수준이라면 이 정도로 상사가 만족할 만한 보고서를 만들 수 있다. 요즘은 온라인으로 방대한 정보를 쉽고 빠르게 조사할 수 있다. 남들보다 조금 더 뛴다는 생각을 가지면 멋진 보고서를 작성할 수 있다.

신사업 추진 여부를 결정하는 최종 보고서처럼 중요도가 매우 높은 보고서를 준비할 때에는 전문가를 직접 만나 볼 필요가 있다. 보통 타당성 검토Feasibility Study와 정량 분석을 포함하는 보고서를 만들게 되는데 다음과 같은 여러 요소를 검토하게 된다. 수익성이 있는지, 강력한 경쟁자는 누구이고 이들을 따돌릴 수 있는지, 초기 투자비는 얼마나 들지, 위험 요인에는 어떤 것들이 있는지 등이다. 그 분야에서 잔뼈가 굵은 사람이 아니라면 속사정이나 잠재적 리스크를 다 알 수가 없다. 문헌 정보로 알 수 없는 놀라운 얘기들이 항상 숨어 있다. 따라서 1차 문헌 조사를 토대로 질문 리스트를 만들고 전문가를 만나봐야 한다. 교수, 협회 전문가, 그리고 해당 업계 임직원이 그 대상이다. 현업에 종사하는 전문가를 만나면 최신의 은밀한 정보를 얻을 수 있다. 이런 인터뷰는 노고가 많이 들어가지만, 파괴력이 크다. 종종 전문가를 만나자마자 핵심 정보를 얻고 신사업 추진을 미련 없이 중단하는 경우가 생긴다. 시간 낭비를 줄여주는 것이다. 상사도 이런 정보 보고는 신뢰한다.

그럼 '전문가'는 어떻게 접촉해야 할까? 내가 원래 아는 분들이 있거나 상사나 동료로부터 잘 아는 분을 소개받으면 최상이다. 불행하게도 소개받을 사람이 없다면? 그럼 맨땅에 헤딩해야 한다. 처음에는 난감할 수도 있지만, 몇 번 시도해보면 그리 어렵지 않다. 먼저 나는 누구이고 왜 전화했는지 설명한다. 그리고 상대방의 전문성을 부각하면서(논문 잘 봤고 큰 도움 받고 있다. 귀하에 대한 말씀 많이 들었다 등) 잠시 고견을 듣고 싶다고 청한다. 이러면 대부분 전화 인터뷰는 흔쾌히 수락한다. 운이 없으면 한 명에게 거절당할 수 있겠지만, 두 번째 사람에게 전화를 걸면 분명 친절한 반응을 들을 것이다. 바로 만날 약속을 잡을 수도 있고, 바빠서 만나기 어려울 때는 전화로 열심히 답변해주는 경우도 많다. 민감하거나 대외비 성격에 가까운 질문은 마지막에 꺼내기 바란다.

해당 업계 임직원은 어떻게 인터뷰할 수 있을까? 우리 회사가 시장 진입 시도를 하는 걸 알면 경계심을 가지고 응대해주지 않을 수도 있다. 만약 기존 업체에서 퇴사한 임직원을 만날 수 있다면 정말 좋고 그런 기회가 없다면 관련 협회에서 개최하는 세미나나 설명회에 참석할 수 있다. 세미나에서 자연스레 명함을 교환하면서 업계 사람들의 얘기를 청취할 수 있다.

전문가와 자문 계약을 체결하고 일정 기간 조언을 받는 일도 있다. 의사 결정 과정에서 전문가 의견이 필요할 때 또는 보고서의 신뢰성 확보를 위한 자문이다. 누구에게 조언을 받을지 상사와 협의하고 해당 전문가와 자문 계약서를 체결한다.

마지막으로 여러분께 자기만의 전문가 그룹을 구축해보라고 권한다. 일하다 보면 여러 분야의 전문가들과 협업하게 되는데 이들과 인간적인 유대를 쌓아 두면 아쉬울 때 도움 받을 수 있다. 교수, 연구원, 변호사, 회계사, 세무사 같은 분들이다. 유튜브 홍보 전문가일 수도 있다. 전화 한 통 하여 궁금증을 해소할 수 있는 자문가 그룹이 있다면 큰 힘이 된다. 회사에서 이들과 자문 계약을 맺고 있다면 이들은 임직원과도 좋은 관계를 유지해야 하므로 도움을 주려는 입장이다. 인간적인 친밀감을 더해서 관계를 쌓아 두면 좋다.

회사는 많은 사람이 모여 같이 일하는 곳이다. 여러 사람이 함께 협력해 일해야 하므로 대화^{communication}의 중요성이 두드러진다. 대화를 '소통'이라고도 하는데 회사의 하루는 소통으로 시작해서 소통으로 끝난다. 상사, 동료와의 대화, 회의, 고객 전화, 이메일 등 다양한 소통이 일어난다. 문자와 각종 SNS까지 공식적 업무 도구가 됐고 언제, 어디서든 실시간으로 대화하게 됐다. 일 처리의 성패는 원활한 소통에 의존하기 때문에 일을 잘한다는 것은 소통을 잘한다는 것과 크게 다르지 않다. 이제 상사 관점에서 바라본 바람직한 대화법에 대해 알아보자.

Communication의 라틴 어원은 'Communicare'로 "많은 사람에게 공유되게 만드는 것", "나눈다."라는 의미다. 사전적 의미를 보면 둘 또는 그 이상의 사람들 간 의견이나 정보, 아이디어를 공유하는 과정으로 정의하고 있다. 즉 커뮤니케이션은 일방적인 것이 아니라 상호 생각을 나누고 공유하는 것이다.

내가 자기 할 말만 내뱉는 습관이 있지는 않은지 되돌아보면 좋겠다. 상대방이 어떤 생각과 말을 하는지 제대로 인지하지 못하고 서로 겉도는 상황은 자주 발생한다. 회의 자리에서 어떤 내용을 열심히 설명했는데 나중에 참석자들이 딴소리하는 경우도 종종 있다. 벽에 대고 얘기한 것처럼 허탈하다. 성공적 소통을 위해서는 우선 상대방 말을 경청해 그 내용을 이해해야 한다. 그다음 상대방 입장에 공감하는 능력이 있다면 대화를 잘할 수 있다.

상대방이 말할 때 귀를 기울이고 의자를 가까이 당기는 모습을 보이면 효과적이라고 한다. 상대방은 기분이 좋아지고 더 적극적으로 이야기해주게 된다. 말하는 사람 쪽으로 상체를 기울이는 행동은 상대방에게 들을 준비가 되어 있다는 신호를 보내는 좋은 태도다. 반대로 듣는 사람이 의자 등 쪽으로 기대면서 팔짱을 낀다면 말하는 사람은 "그래, 너 한번 말해봐, 내가 들어줄 테니."라는 신호로 받아들일 수 있다. 듣는 사람 처지에서는 그냥 그 자세를 취했을 뿐인데 오해가 생길 수 있다.

듣는 사람이 중간중간 "그 부분 정확히 이해를 못했는데 한 번 더 설명해주시겠습니까?"라고 추임새를 넣는 건 아주 바람직하다. 말하는 사람은 신이 나서 설명해주게 된다. 경청한다는 신호를 상대방에게 보내는 것이다. 경청을 통해 상대방이 하는 말을 정확히 이해하는 건 매우 유리하다. 왜냐면 내가 반대해야 할 때 정확하게 논리를 구성할 수 있고, 대안을 제시할 때는 상대방 의견 위에 내 의견을 살짝 얹으면 되기 때문이다. 상대방 입장도 살려주면서 그가 받아들일 수 있는 제3의 대안을 만들 수 있다.

대화할 때 상사들이 싫어하는 부하직원 태도가 있다. 수동적이거나 방어적인 자세를 취하는 모습이다. 어떤 업무를 처리해달라고 했을 때 부하직원이 "저 지금 바쁜데요.", "제가 할 수 있는 일이 아닌데요.", "제 업무가 아닙니다."라고 반응하면 상사는 당황하게 된다. 일하기 싫다는 의미로 받아들여질 수 있어 오해가 생긴다. 상사 눈높이에 맞추는 말로 바꿔보자. "급하게 처리할 일이 있어 지금은 시간이 안 되는데요. 오후에 다시 상의드려도 될까요?"라고 할 수 있다.

상사가 정말 무리한 지시를 하는 일도 있다. 도저히 할 수 없는 때에는 부득이한 사유를 설명하거나 대안을 제시해본다. "제 업무 범위를 좀 넘어서는 것 같은데요. 어디까지는 제가 할 수 있습니다." 또는 "제가 할 수 있는 부분은 어디까지인데 그다음은 부장님 지원이나 김 차장 도움이 있다면 될 것 같습니다."와 같이 역제안하는 방식이다. 내가 할 수 있는 일이 아니니 나는 모르겠다는 반응을 보이면 상사는 "같은 부서 일인데 어쩌면 저렇게 남 일처럼 반응할까?"라고 생각할 수 있다. 특히 직급이 올라갈수록 경직된 태도는 마이너스로 작용할 수 있으니 주의하는 게 좋다. 부하직원으로서는 무책임해서 그런 게 아니라 혼선을 피하려고 똑 부러지게 얘기한 건데 오해를 살 수 있으니. 내 부하직원 중에도 무 자르듯이 거절하는 습관을 지닌 사람이 있다. 말투가 융통성 없어 보이는 스타일이라 그를 잘 모르는 타부서 상사나 동료로부터 오해를 받는다. "제 업무 범위를 좀 넘어서는 것 같은데 한 번 처리할 방안이 있는지 알아보고 오후에 말씀드리겠습니다." 또는 "경영기획부의 ***가 적임자인 것 같은데 그 사람에게 처리가 가능한지 알아보겠습니다." 식으로 대응하는 게 좋다. 이런 대화가 효율적인 일 처리 방식이 아닐 수도 있지만, 상사 스타일이나 성향에 따라 효율성을 일부 희생하더라도 눈높이 대화가 필요한 상황이 있다.

상사는 부하직원이 항상 일이 되는 방향으로 대화하기를 원한다. 매사 부정적이고 주로 일이 안 되는 쪽으로 생각하는 직원에 대해서는 호감도가 떨어진다. "제가 이렇게 한 번 추진해보려고 하는데 여기에 대해 어떻게 생각하세요?", "제가 이 업무를 해보려고 하는데 부장님께서 인력과 예산 지원을 좀 해주셨으면 합니다." 또는 "제가 해 보겠습니다." 같은 대화를 좋아한다. 더구나 상사에게 오히려 일을 시키거나 숙제를 주는 부하직원에 대해서도 높은 점수를 줄 것이다. 상사를 신뢰하고 있다는 느낌과 적극적 태도가 보이기 때문이다. "지금 저쪽 공장과 이런저런 매입 교섭을 하고 있는데 이야기가 90% 정도까지 진행됐습니다. 이때쯤 사장님이 나서서 얼굴 한번 비춰주실 수 있을까요? 제가 이야기를 진전시켰기 때문에 사장님이 한 번 방문해주시면 마무리가 잘될 것 같습니다."(『사업은 사람이 전부다』, 마쓰시다 고노스케).

회사는 여러 조직이 협력하면서 유기적으로 움직인다. 영업팀, 생산팀, 연구소, 회계팀, 인사팀 등 각 부서는 업무 프로세스에 따라서 상호 연결돼 있다. 그러다 보니 부서 간 갈등이 발생하는데 대부분 소통이 잘 안 되어 생기는 문제들이다. 상사는 타 부서 담당자들과 원활하게 의사소통하는 부하직원을 매우 좋아한다. 흔히 교통정리를 잘한다고 표현하는데 부하직원이 교통정리를 잘 못해서 문제가 생기면 결국 상사가 직접 나서야 한다. 상대편이 처한 상황을 이해하고 줄 건 주고, 받을 건 받는 대화 기술을 가진 직원이 교통정리를 잘한다. 상사에게는 소중한 인력이다.

회사 언어는 집이나 학교에서 사용하는 그것과는 확연히 다르다. 회사는 협업 조직이고, 상하 관계가 존재한다. 끊임없이 평가받아야 하고 맡은 일에 책임져야 한다. 직장인의 대화 태도가 방어적이거나 수동적으로 되는 이유다. 아이러니하지만 상사에게 인정받으려면 이런 불안과 걱정을 떨치고 자신감 있고 적극적 태도로 상사를 대하는 것이 유리하다. 신입사원들은 회사 대화법과 언어에 대해 교육을 받은 적이 없다. 하지만 경청과 공감, 적극성을 가지고 대화하는 태도를 보인다면 약간의 관심과 연습으로 대화 잘하는 직장인이 될 수 있다.

'대화한다는 것'은 무엇인가? 대부분 '말하는 것'이라고 답할 것이다. '대화를 잘하는 법'은 곧 '말 잘하는 법'이라고 생각하고 어떻게 하면 '말'을 잘할까에 집중하게 된다. 하지만 '소통'에서 말이 차지하는 비중은 생각보다 아주 작다고 한다.

'의사소통'에는 '언어적 의사소통'과 '비언어적 의사소통'이 있는데 언어적 의사소통은 '말'과 '글'을 통한 소통을 말하고, 비언어적 의사소통은 표정, 신체 움직임, 제스처를 말한다. 감정을 전달하는데 비언어적 의사소통은 매우 중요하며 언어적 의사소통보다 더 정확한 경우가 많다고 한다(『조직과 리더십』, 이상호). 미소를 머금고 훈훈한 시선을 보내는 긍정적 표현, 노려보거나 다른 곳을 응시하는 부정적 표현이 있다. 목소리가 밝은 경우는 긍정적 표현, 높고 떨리는 경우는 부정적 표현일 수 있다.

우리나라 사람들은 자기도 모르게 무뚝뚝한 표정으로 말의 내용에만 온통 신경 쓰는 경향이 있다. 상사와 얘기할 때에는 무뚝뚝하고 경직된 표정을 짓기 일쑤다. 소통 잘하는 직원이 되기 위해서는 거울을 보고 미소 짓는 연습을 해야 할 것 같다. 목소리를 밝게 하고 따뜻한 눈빛으로 상사와 대화해보면 어떨까?

"누군가와 말할 때 우리 뇌는 상대의 얼굴에서 신호를 포착한다. 상대의 진짜 의도를 파악하기 위해서다. 말과 행동이 다를 경우 인간의 뇌는 행동이 진짜라고 생각한다."(『피드 포워드』, 조 허시). 성공적인 대화를 하려면 말에만 집중해서는 안 된다. 목소리와 표정, 제스처를 말의 내용과 일치해서 표현해야 신뢰감을 줄 수 있다. 내게도 참 어려운 일이다. 얼굴 근육은 많이 굳어졌고 제스처도 어색하다. 나도 잘못하면서 여러분에게 권해야 하니 자신감이 좀 떨어진다. 하지만 우리에게는 연습이 있다. 꼭 상사뿐 아니라 동료, 가족, 지인들에게 온화한 표정을 지어주고 밝은 목소리로 대화하기를 연습해보자.

다시 '말의 내용'으로 돌아가서 상사와 부하직원 간 대화 사례 중에서 바람직하지 못한 대화와 좋은 대화 사례들을 정리해본다.

상사와 부하직원 대화 사례

경우	좋지 못한 대화	좋은 대화
소극적 태도 vs 적극적 태도	1) 잘 모르겠습니다. 2) 저 지금 바쁜데요…. 3) 제가 할 수 있는 일이 아닌데요. 제 업무가 아닙니다. 4) 제가 알아서 하겠습니다. (상사 잔소리 듣기 싫다는 투)	1) 미처 파악하지 못했는데 바로 확인하겠습니다. 2) 지금 급한 일로 시간이 안 되는데 오후에 의논드리면 어떨까요? 또는 급한 일로 불가능한데 내일 처리하면 안 될까요? 3) 제 업무 범위를 넘어서는 것 같은데요. 어디까지는 제가 할 수 있습니다. 또는 부장님 지원이 있다면 어디까지 할 수 있습니다. 4) 맡겨주시면 잘 진행해보겠습니다. 도움을 요청할 일이 있으면 말씀드리겠습니다.
부정적 태도 vs 긍정적 태도	"이 일을 한번 추진해보면 어떨까?"라는 상사의 제안에, 1) 예산도 없고 경쟁사들이 이미 진입한 시장인데요. 2) 법적으로 우리 회사가 추진하기에는 여러 어려움이 있습니다.	1) 시장 조사해보고 의논드리겠습니다. 일주일 정도 시간을 주십시오. 2) 법적 장애물이 있기는 한데 한 번 회피할 방법이 있는지 확인해보겠습니다.
	발주처 제출용 서류의 보완 지시에 대해, 1) 발주처가 쓸데없는 불만을 얘기한 것입니다. 시간이 없어서 그건 못합니다. 2) 꼭 그것까지 해야 하나요? (마지못해 보완을 작업한다. 표정도 밝지 않다.)	1) 발주처 입장을 충분히 고려하지 못한 것 같습니다. 보완할 부분을 검토해보겠습니다. 2) 부장님 지시대로 보완했더니 아이디어가 더 명확히 정리됐습니다. 감사합니다.

경우	좋지 못한 대화	좋은 대화
칭찬 & 선제적 태도	상사에게 칭찬하지 않는다. 상사에게 칭찬할 줄 모른다.	1) 고맙습니다. 2) 도와주셔서 감사합니다.
	상사에게 먼저 대화를 시도하지 않는다. 상사에게 먼저 제안하지 않는다.	3) 이렇게 해보려고 하는데 어떻게 생각하세요? 4) 이런 사업을 기획하려는데 부장님 의견을 듣고 싶습니다.
회의 시 경청과 공감	1) 잘 이해를 못 하겠습니다. 2) 그래서 어떻게 하겠다는 건지요?	1) 죄송합니다만 잘 이해를 못 했는데 한 번만 다시 설명해주시겠습니까? 또는 과장님 의견은 ~ 하게 추진하자는 것이지요? 2) 과장님 의견도 타당한 부분이 있다고 생각합니다. 거기에 이런 점을 추가하면 더 효과적일 것 같습니다.
	3) 그 의견에는 반대합니다. 제 의견은 ~ 입니다.	3) 그 의견에는 공감하는 부분이 있습니다. 그런데 제 의견을 말씀드리면 ~ 하는 것도 괜찮을 것 같습니다.

마지막으로 신뢰를 얻는 대화를 하기 위해 '질문하기'를 적절히 활용하자. 말을 잘하기 위해서는 말하기 고수가 돼야 하는 것이 아니고 듣기(경청) 고수가 돼야 한다. 듣기에는 두 가지가 있다. 상대방이 말하는 것을 그냥 듣는 경우와 내가 질문을 던진 후 그 답변을 듣는 경우가 있다. 후자는 내 의도대로 상대방이 말해야 하는 주제와 범위를 한정 짓게 하므로 내가 대화 주도권을 쥐게 된다. 예를 들면 상사로부터 이번 창립 기념일 행사에 초청 강연 준비 지시를 받았다고 가정하자. 상사 지시를 그냥 듣는 것보다는 "초청 강연, 좋은 아이디어 같은데요. 혹시 강연자가 어디에 초점을 맞춰 강연하는 것이 바람직할까요?" 이렇게 질문하기 시작하면 대화 주도권이 내게 넘어온다. 회의에서도 마찬가지다. '질문하기'를 적절히 사용해 상사를 설득하거나 빠른 이해를 도울 수 있다.

상사를 크게 실망시키는 보고 태도가 있다. 실망만 시키면 다행인데 조직에 손실을 끼칠 수 있는 잘못된 보고들이다. 이런 일을 반복하게 되면 잘 쌓아놓은 좋은 이미지를 단번에 까먹을 수 있다. 이런 일이 없도록 유의하시길 바란다.

첫째, 문제나 사고 발생 시 보고 지연

회사 생활을 하다 보면 큰 실수나 사고가 발생하기 마련이다. 현장 출장을 가다 차량 추돌 사고가 날 수도 있고 현장에서 직원이 다치는 사고가 발생할 수도 있다. 내가 근무하는 회사는 해양환경엔지니어링 회사라서 바다에서 작업하는 일이 많은데 간혹 사고가 발생한다. 직원을 태운 배가 다른 배와 부딪치면서 그 충격으로 직원이 다친다거나 파고가 높은 날 고가 장비를 바다에 빠뜨려 분실하는 일도 발생한다. 그 외에 계약 문서 원본을 분실한다든지, 어떤 일을 추진하다 부작용이 생겨서 법적 다툼에 직면하는 등의 일이 발생한다.

이럴 때 담당자가 문제를 혼자 수습한 후 사후 보고하려고 하다가 일을 그르치는 경우가 있다. 즉시 상사에게 보고해야 한다. 문책이나 책임 추궁이 걱정돼 지연하다가 본인과 회사에 치명적인 결과를 초래할 수 있다. 함께 문제를 해결해야 한다. 경험이 많은 사람과 같이 대응하면 해결이 안 되는 일은 없다. 100% 원상 복구는 못해도 피해를 최소화할 수 있다. 책임질 일은 책임지겠다는 자세로 바로 보고하고 상사와 회사의 도움을 받아 같이 해결하는 것이 상책이다.

상사도 주의할 점이 있다. 상사가 직원의 실수나 사고에 대해 책임 추궁과 처벌을 우선하는 행동을 보이면 직원들은 이를 숨기는 행위를 강화하게 된다. 의도적인 사고나 태만에 의한 실수가 아니라면 재발 방지책을 마련하되 개인에 대한 처벌은 융통성 있는 적용이 필요하다.

둘째, 사실 확인 없는 근거 제시

보고서나 기안서를 작성할 때 결론을 유도하는 근거나 논리를 제시하게 된다. 이때 미심쩍거나 불확실한 정보는 사실 관계를 반드시 확인한 후 인용해야 한다. 지레짐작한 수치나 정보를 마치 사실인 양 보고서에 포함하고 상사가 이를 토대로 의사 결정하게 되면 곤란하다.

셋째, 거짓말하는 행위

객관적 사실을 있는 그대로 보고하지 않고 각색하거나 거짓말하는 경우다. 상사가 지적하면 말을 둘러대거나 핑계를 대기도 한다. 상사가 보기에는 참 궁색해 보인다. 상사의 신뢰를 잃는 지름길이다. 회사 생활 경험이 많은 상사는 거짓말을 구별하는 능력도 탁월하다. 모른 척 하고 넘어갈 뿐이다. 운이 좋아서 거짓말이 통한 것 같더라도 시간이 좀 지나서 진실이 드러난다. 솔직하게 사실대로 보고하는 것이 부하직원과 상사 모두에게 도움 되는 태도다.

넷째, 마감 시한이 임박해서 보고하는 행동

중간보고도 없이 마감일 하루 전에 부하직원이 "이거 내일까지 발주처에 제출해야 하는데 검토해주세요."라고 한다. 상사는 자료를 쳐다보기도 전에 화가 나기 시작한다. "아니, 이 내용은 상세히 검토해야 하는 건인데 지금 보고를 하다니 어쩌라는 건가?" 더구나 보고서 내용을 훑어보니 상사가 생각하는 방향과 완전히 다르게 작성돼 있다. 수정할 시간은 턱없이 부족하다. 상사는 허탈감에 빠진다. 물론 상사 잘못도 있다. 조직의 업무 진행 상황들에 대해 꿰고 있어야 하고 부하직원 보고가 안 오면 사전에 피드백이 들어갔어야 한다. 하지만 조직 전체 업무를 맡다 보니 가끔 놓치는 건들이 발생한다. 부하직원은 상사의 이런 상황을 이해하고 사전에 중간보고를 해야 한다. 혹시 상사의 지적을 받고 수정 작업하는 번거로움을 피하고자 일부러 마감 시한에 맞춰 보고한다면 책임감에 문제가 많은 사람이다. 그 업무에 대해 위임을 받은 게 아니라면 상사와 함께 일을 진행해 나가야 한다. 최종 책임은 상사에게 있고 상사에게 검토할 권한이 있다. 충분한 시간을 갖고 볼 수 있게 해줘야 한다.

다섯째, 성의 없는 보고서 작성

문서 보고를 잘하기 위해서는 두 가지 조건이 갖춰져야 한다. 먼저 작성법에 대한 스킬과 역량이 있어야 하고, 다음으로는 성의 있게 작성하려는 열의가 있어야 한다. 스킬과 역량은 되는데 대충 작성한다면 더 문제다. 보고서 하나하나에 최선을 다하지 않으면 상사의 신뢰를 잃게 된다.

문서 작성 스킬이 부족해서 완성도가 떨어지면 상사는 무척 답답해할 것이다. 상사가 대부분 다시 작성하기도 한다. 부하직원으로서 이런 일이 반복되면 곤란하다. 문서 작성 스킬에 대한 훈련이 필요하다. 회사마다 문서 작성법과 표준 양식이 존재하고, 발주처가 요구하는 각종 문서 양식이 있다. 이 양식에 맞춰 작성하되 기본적으로 글쓰기 능력, 문법, 그리고 맞춤법 훈련이 필요하다. 독서와 신문 읽기를 하면 큰 도움이 될 것이다.

보고서에 오타가 있거나 띄어쓰기가 틀리고 문서 편집(글씨 크기, 줄 맞추기, 번호 매기기)이 잘되어 있지 않으면 성의 없어 보인다. 상사에게 제출하기 전에 최종적으로 점검해보는 습관을 지니면 보고서 잘쓰는 직원으로 인정받을 수 있다.

절대 해서는 안 될 보고 태도에 대해 알아봤다. 의도치 않게 상사와 회사를 궁지로 몰아넣거나 상사에게 신뢰를 잃을 수 있는 행동은 하지 말아야 한다.

4장 │ 신뢰가 쌓이면 프리패스다

"상사와 처음 만나고 3개월에 승부를 걸어라!" 회사에 신입사원으로 입사하거나 상사가 바뀌게 되면 생경한 사람과 새로운 인간관계가 시작된다. 하늘이 돕는 인간관계 인지 여부는 보통 3개월 내 결판이 난다. 서로 낯선 상황에서 새 상사에게 빠르게 인정받고 좋은 관계를 구축하는 팁을 알려드리고자 한다. 신입사원뿐 아니라 경력직이 새로운 조직에 들어가거나 새 상사를 만날 때도 적용된다. 이 비방은 사람들의 '선입견'을 활용하는 방식인데 '최초 3개월 전력 투구하기'다. 새 회사에 입사한다면 처음 3개월 동안 110%의 열정과 노력을 쏟아부어 업무를 수행하고 상사와의 인간관계도 최선을 다하는 것이다. 3개월간 심혈을 기울여야 하니 힘들 것이다. 하지만 눈 딱 감고 3개월만 해보길 권유한다. 그럼 무슨 일이 벌어질까?

신입사원이 입사하면 상사와 동료들은 그의 행동과 업무 태도를 유심히 관찰한다. 새로 들어온 사람에게 의식적, 무의식적으로 주목하게 된다. 이런 관찰 과정을 통해 그에 대한 일련의 선입견이 머릿속에 형성되는데 이 선입견이 생기는 시간이 그리 오래 걸리지 않는다. 한마디로 초장에 결판난다. '선입견'의 사전적 의미를 알아보면 "선입견先入見 또는 선입관념先入觀念은 사물, 인물 등에 대해 미리 접한 정보나 자신이 처음 접했을 때 가진 지식이 강하게 작용하여 형성되는 고정적이며 변화하기 어려운 평가와 견해를 말한다. 선입견의 특징은 처음 머리에 고착된 이미지는 변화하기 어렵다는 점이다. 따라서 첫 3개월에 전력을 투구하여 상사와 동료 선입견을 여러분에게 유리하게 만들어버려야 한다. 상사의 두뇌 속에 "저 친구는 아직 경험은 부족하지만 금방 배울 것 같군.", "동료들과 협업을 잘하고 발표력이 뛰어나네, 앞으로 부서에 큰 힘이 되겠어." 이런 긍정적인 선입견이 형성되도록 만들 수 있다. 이렇게 형성된 초기 선입견은 쉽사리 바뀌지 않을 것이다. 얼마나 좋은가? 만약 여러분이 3개월 안에 이렇게 만든다면 향후 인간관계는 원만하게 발전해 나갈 수 있다. 직장 생활이 한결 수월해질 것이다.

그럼 그 이후는 어떻게 될까? 3개월간 몸과 마음을 다 바치면 힘들 텐데 그다음 어떻게 하라는 말인가? 혹사당하는 것 아닌가? 그렇지 않다. 선입견이 형성된 이후 선순환 과정이 힘을 덜어주기 때문이다. 순환 과정을 보면 상사와 동료들이 여러분에게 긍정적인 관심을 보이게 되고, 정보를 제공해주는 등 지원을 하게 된다. 상사의 인정이 뒤따르고 이것은 여러분을 힘 나게 할 것이다. 상사의 인정과 칭찬을 여러분이 눈치채지 못할 수도 있다. 상사들은 인정이나 칭찬에 인색하니까. 하지만 상사가 여러분에게 친근하게 다가오고 있음을 감지할 수는 있다. 동료들도 인정과 칭찬에 야박할 수 있다. 여러분이 경쟁자가 될 수 있으니까. 하지만 그들도 부서 이익이 곧 자기 이익이 되기 때문에 협력이 필요한 상황에서 여러분을 파트너로 여기기 시작한다. 그다음부터는 동기 부여가 일어나고 힘이 나기 시작한다. 3개월이 지나면 상사 스타일, 조직 문화, 그리고 업무를 어느 정도 파악하기 때문에 처음보다 힘을 덜 들이고 일할 수 있다. 이제부터는 90%만 노력해도 효율적으로 일 처리할 수 있다. 상사는 구체적인 업무 역할과 권한을 부여하기 시작하고, 부하직원은 새 일을 배우고 경력이 쌓여 간다는 뿌듯함에 동기 부여 된다. 업무에 몰입하는 선순환이 일어난다.

반면 처음 3개월에 상사가 안 좋은 선입견을 구축한다면 나쁜 이미지를 지우는 데 몇 배의 노력이 든다. 1~2년 이상 죽도록 애를 써야 상사 머리에 고착된 선입견을 조금 바꿀 수 있을 것이다. 내 경험담을 얘기하면 과거 회사를 이직하고 새로운 직속 상사와 긍정적인 관계 구축이 안 되어 고생했던 적이 있다. 업무에는 최선을 다했지만 내 일 처리 방식이 마음에 안 들었던 것 같다. 더구나 새 회사는 이전 회사와 워낙 조직 문화가 틀리고 상사 스타일도 달랐다. 거기에 빨리 적응하지 못하고 이전 회사에서 하던 사고방식으로 행동한 것이 거슬렸을 수 있다. 우직하게 일만 하는 것은 능사가 아니다. 돌이켜 보면 상사 스타일에 나를 맞추는 유연성이 부족했다. 상사와 관계가 개선되고 조직에서 인정받는 데 족히 2년이 걸렸다. 마음고생이 심했다. 그때를 제외하고는 새 상사와의 관계에서 '3개월 전력 투구 법칙'으로 비교적 원만하게 조직 적응을 잘한 편이다.

새로운 상사가 내 부서로 오는 상황도 있다. 그 상사는 부서 업무에 대해 잘 몰라 어리둥절할 수 있다. 이럴 때는 상사를 도와주고 요긴한 정보를 제공해줄 필요가 있다. 상사가 먼저 부하에게 도움을 청하기 어려우므로 부하직원이 먼저 정보를 제공하거나 업무 조언을 한다면 고마워할 것이다. 여러분에 대한 초기 선입견을 좋게 형성하는데 도움이 된다. 이제 3개월 전력투구의 장점에 대해서 이해는 가는데 그럼 왜 하필 3개월인가? 2개월이나 4개월이 될 수도 있지 않은가? 라고 질문할 수 있다. 맞다. 꼭 3개월일 필요는 없다. 하지만 신입사원이 입사하면 근로기준법상 수습 기간이 3개월이다. 이 기간에 회사는 신입사원에 대해 판단해보고 신입사원도 회사가 내게 적합한지따져보는 기간을 가진다. 이렇듯 3개월은 사회 통념상 최소한의 조직적응 기간이라서 이를 적용해봤다.

말콤 글래드웰의 『블링크Blink』라는 책에서는 첫 2초 안에 일어나는사람의 순간적 판단에 대해 말한다. "인간의 두뇌는 의식과 무의식의영역으로 나뉘고 논리적인 결론을 도출하기 위해서 우리는 주로 의식의 영역을 활용한다. 그러나 처음 대면한 누군가를 판단할 때나 잠시스치듯 미끄러져 내리는 아이디어를 포착할 때는 몇 초 동안의 첫인상 같은 '그 무엇'에 의존하게 된다." 이 책에서는 3개월이 아니라 훨씬 더 빠른 순간적 판단과 첫인상에 대해서 말하고 있는데 이것도 선입견의 개념과 유사한 내용이다.

인간의 순간적인 판단은 오류를 부를 수도 있다. 선입견은 정확하지않고 부정적인 의미로도 사용된다. 하지만 중요한 점은 만남의 초기단계에 형성되는 선입견이 사람들에게 강력한 영향을 미친다는 사실이다. 여러분이 만약 상사의 3개월 고지를 점령한다면 그 이후 직장생활과 상사 관계가 훨씬 수월해질 수 있다. 3개월 고지로 돌격 앞으

로 할 것인가? 아니면 무주공산으로 놔둔 채 동료들이 그 고지를 점
령하게 할 것인가?

2. 스펙과 신뢰는 비례하지 않는다

스펙^{spec}이 엄청 중요한 세상이다. 바늘 구멍 같은 취업 문을 열기 위해 수많은 학생이 대학교 때부터 스펙 쌓기에 몰두한다. 아니, 좋은 대학교에 가기 위해서 중학교 때부터 스펙 쌓기는 시작된다. 학원가는 성업 중이고 부모들은 학원비 지출을 위해 본인에 대한 투자나 의식주 비용을 졸라맨다. 이렇게 시작된 스펙 쌓기는 학점, TOEIC 점수, 각종 자격증 취득으로 이어지고 졸업 후에도 일정 기간 계속된다. 스펙은 우리나라의 심각한 경쟁 상황을 잘 표현해주는 단어다. 이 말을 들을 때마다 나는 힘들어하는 젊은이들의 이미지가 떠오른다. 스펙에 따라 대기업, 중견기업 또는 중소기업에 가는 순서가 결정된다고 봐도 무방하다. 자기 적성이나 소신으로 중소기업을 택하거나 창업의 길로 나아가는 사람도 있겠지만, 대다수는 대기업과 정부/공공기관 입사에 목숨을 거는 게 현실이다.

회사들은 개인의 스펙이 그의 능력을 어느 정도 나타낸다고 본다. 스펙이 좋다고 역량이 다 뛰어날 것이라 기대하지는 않지만, 확률적으로 대표성이 있다고 생각한다. 생전 모르는 사람을 짧은 시간에 평가해 뽑아야 하므로 이 방법을 취하는 것이다. 학교, 전공, 학점, 어학, 자격증 등에서 종합 점수가 높은 순서대로 기업과 기관에 차례차례

배치된다. 요즘은 중소기업에 채용되는 것도 어려운 시대다. 여러분은 이런 과정을 거쳐서 이미 취업했을 것이다(휴직 중이거나 재취업 준비하는 분도 있겠지만).

그럼 스펙 좋은 사람이 입사 후에 스펙 낮은 사람보다 일을 더 잘할까? 스펙이 화려한 사람이 상사에게 인정받으며 회사 생활을 더 잘할까? 답은 '아니요'다.

그 이유는 여러 가지가 있겠지만 가장 중요한 것은 대인관계 능력 때문이다. 회사 조직은 공동 목표 달성을 위해서 여러 사람이 협력을 해야 한다. 이를 위해선 구성원 간 원활한 의사소통이 매우 중요하다. 그런데 공부 잘하거나 스펙을 쌓는 행위는 혼자만의 독립적 활동으로 가능하지만, 대인관계 능력은 혼자 공부를 해서 되는 것이 아니다.

내 어릴 적 추억을 떠올려본다. 베이비붐 세대에 속한 나는 초등학교 취학 전 꼬마들이 바글바글한 골목에서 떼로 몰려다니는 멤버 중한 명이었다. 골목클럽의 정회원이 되려면 골목대장에게 잘 보여야 했다. 그의 측근인 오른팔, 왼팔과도 관계를 터야 했다. 골목클럽에서 계급이 올라가려면 대장에게 인정받아야 하는데 그 방법은 두 가지가 있었다. 하나는 구슬이나 딱지를 상납하는 것이다. 만약 축구공을 기증한다면 계급은 몇 단계를 건너뛰어 올라간다. 값나가는 물건이 없는 아이는 옆 동네와 패싸움이 벌어질 때 공을 세워야 한다. 위험이 따른다. 도를 넘다가 옆 동네 패거리에게 포로로 잡히면 치욕스러운 꼴을 당한다. 자기보다 어린 옆 동네 아이들에게 조롱을 당하는 건 동네 수치였다. 우리 골목대장이 옆 동네 대장에게 통사정하거나 구슬 등 진귀한 물품을 바쳐서 포로를 빼 왔다. 골목마다 저녁밥 짓는 냄새가 나고 붉은 노을이 내려앉을 때쯤 포로로 잡혔던 아이는 징징 울면서 우리 골목으로 돌아왔다. 추억이 너무 길어졌다. 대인관계 능력, 즉 사회성과 역할 모델은 어릴 때부터 이렇게 무리를 지어 놀면서 타인과의 접촉을 통해 배우게 된다. 형제가 많거나 또래 집단에 속해서 많이 놀아 본 사람들이 상대적으로 인간관계 능력이 좋을 것이다.

회사에서는 학력이 뛰어나고 전문지식이 있으면서도 동료와 협업이 잘 안 되는 사람이 있다. 타 부서와 소통이 안 되어 항상 껄끄럽게 지내는 사람도 있다. 부하직원 때문에 부서 간 갈등 상황이 연출되면 상사는 불안해진다. 발주처와 원활한 유대관계를 형성하지 못하는 문제도 있다. 회사에 손실을 초래할 수 있다. 이런 약점은 직급이 올라갈수록 더 두드러진다. 반면 학력은 낮아도 경력이 쌓이면서 능력을 발휘하는 사람들이 있다. 동료들이 같이 일하고 싶어 하는 그런 사람이다. 이런 사람은 출발은 좀 늦더라도 서서히 두각을 나타낸다. 우리가 종종 듣는 "그 사람 사회성이 좋아서 조직 생활 잘할 거야." 또는 "그 사람은 사회성이 없어서 혼자 하는 일을 찾아보는 게 나을 것 같아."하는 경우다.

인간관계론의 대가 데일 카네기의 연구소에서 발표한 내용에 의하면 엔지니어링 분야에서 성공을 거둔 사람 중 15%는 성공의 원인이 자신의 기술적 지식 때문이라고 했고 85%는 인간을 움직이는 능력(대인관계 능력) 때문에 성공한 것이라 했다. 미국 보스턴대학교 헬즈만 교수의 40년 장기조사(7세 어린이 450명 대상, 성공의 중요한 요소 추적)는 인생의 첫 번째 성공 요인은 IQ(지능)나 부모의 재산, 높은 지위가 아니라 '다른 사람들과 어울리는 능력'인 것으로 나타났다. 이런 조사 결과들은 인간관계 능력이 있다면 성공할 확률이 급격히 올라감을 시사한다.

회사들이 인사 평가를 할 때 일반적으로 '성과 평가' 외에 '역량 평가'를 한다. 그런데 역량 평가 항목을 살펴보면 어느 회사나 '대인관계 능력' 또는 '의사소통 능력'과 '협의/조정 능력'이 포함돼 있음을 알 수 있다. '의사소통 능력'은 상대방 의견을 경청해 그 의미를 정확히 이해하고 자신의 의견을 명확히 전달하는 역량으로 정의할 수 있다. '협의/조정 능력'은 공동의 목적을 위해 회사 내 이해 관계자들 간 갈등을 해결하고 협력적 업무 관계를 구축, 유지하는 역량이다.

이렇게 입사할 때의 평가 기준인 스펙과 입사한 이후의 역량 평가 기준은 크게 다르다. 입사한 후에는 과거 스펙은 의미가 적어진다(물론 이직을 하게 된다면 다시 스펙을 활용하겠지만). 입사 후에는 업무성과와 대인관계 능력 등을 기준으로 평가받게 된다.

대인관계 능력이 뛰어난 사람은 상사와의 소원한 관계를 방치하거나 상사를 회피하는 태도를 보일 가능성이 적다. 스펙이 좀 떨어지는 직장인도 희망을 품어야 한다. 내 안의 잠재된 대인관계 능력을 끄집어내자!

그럼 대인관계 능력은 어떻게 해야 잘 키울 수 있을까? 데일 카네기는 "인간관계를 잘 맺는 6가지 방법"을 우리에게 알려주고 있다. 실천하기 어려운 내용은 하나도 없다.

인간관계를 잘 맺는 6가지 방법

1) 다른 사람들에게 순수한 관심을 기울여라.
2) 미소를 지어라.
3) 이름을 잘 기억하라.
4) 경청하라.
5) 상대방의 관심사에 관해 이야기하라.
6) 상대방이 중요하다는 느낌이 들게 하라. 단, 성실한 태도로.

꼴 보기 싫은 상사와 그럭저럭 잘 지내는 법

"아, 매일 꼰대 상사를 어떻게 봐야 하나? 부르기는 왜 그렇게 자주 부르는지, 가슴이 답답하다." 상사가 싫어질 때가 있다. 아니, 처음부터 그냥 싫은 상사도 있을 것이다. 한 사무실에서 같이 숨 쉬지도 못할 것 같은 상사가 운명과도 같이 내게 다가올 수 있다.

각종 설문 조사를 보면 직장인 퇴직 사유 1~2위를 차지하는 것이 '마음에 안 드는 상사' 또는 '상사와의 불화'다. 회사 평판이 좋아 어렵사리 입사하고 상사를 잘못 만나 회사를 그만두는 일도 있다. 하지만 이럴 때마다 회사를 그만둔다면 직장 생활을 오래 할 수 없을 것이다. 회사를 오래 다닐 생각이라면 언제라도 싫은 상사를 만날 수 있다는 사실을 받아들여야 한다. 그리고 공동 운명체인 상사와 어떻게 한배를 타고 노를 저어갈지 생각해봐야 한다.

직장인들이 싫어하는 나쁜 상사 유형은 많다. 권위적이고 독단적인 상사, 자기는 아무 일 안 하면서 책임은 부하에게 전가하는 상사, 잔소리하는 상사, 정치적인 상사 등 유형도 다양하다. 지도력이 부족하거나 업무 능력이 부하직원보다 떨어지는 상사도 있다. 상사라는 단어만 떠올려도 가슴이 답답하고 현기증 나는 사람도 있을 것이다. 하지만 회사 생활 계속할 거라면 상사는 항상 존재하며, 그들은 내 마음에 들지 않을 수 있다는 사실을 당연하게 받아들이자. 상사의 태도에 매번 푸닥거리를 해봐야 나만 손해다. 내 마음은 바람 없는 날의 호수같이 잔잔하다.

1. 평정심을 유지하는 내공

상사의 지적질이나 잔소리는 한 귀로 듣고 한 귀로 흘리는 내공을 구사한다. 내 감정이 상하지 않도록 자존심을 너무 내세우지 말아야 한다. 스스로 자신 있고 자존감 있는 사람은 자존심을 굽힐 줄도 안다. 내가 실제 일을 잘못하여 지적을 듣는 경우라면 "실수가 있었습니다. 재발하지 않도록 개선하겠습니다."라고 말하고 보완하면 된다. 상사가 비꼬는 말투나 자존심에 상처 주는 말을 할 수 있다. 생각할수록 기분 나쁜 경우다. 이럴 때는 자꾸 그 상황을 떠올려서 스스로 화를 돋우지 않는 게 현명하다. 상사는 내게 그 말 한 사실조차 까맣게 잊고 있다. 민감하게 반응하지 말고 흘려버리자. "또 시작이군. 허허허."

그런데 상사가 심한 지적과 잔소리를 계속한다면 혹 내게 문제가 있는지 살펴봐야 한다. 부하직원의 잘못된 태도나 행동이 상사의 그런 반응을 유발한 건 아닌지 말이다. 자기는 별 문제의식 없이 한 행동에 대해서 상사가 불만을 가질 수 있다. 예를 들면 상사에게 예의 없는 행동을 하거나 업무에 태만하고 근태가 안 좋다든지 하는 것이다. 이럴 때는 자기 단점을 스스로 개선하는 노력이 요구된다.

2. 한보 후퇴, 한보 전진

적절치 않은 지시나 잔소리에도 일단 "네, 알겠습니다." 또는 "검토해보겠습니다."라고 답변한다. 특히 주변에 다른 직원들이 있거나 다수가 모인 회의 자리라면 상사의 자존심을 긁을 필요는 없다. "그게 아니고요. 이건 이렇고, 저건 저러합니다." 같은 대응은 1:1로 따로 얘기한다. 별도의 시간과 장소에서 내 주장을 논리적으로 얘기하면 상사의 태도가 달라질 수 있다.

3. 측은지심 전개

상사의 약점과 어려운 처지를 생각하면서 이해해보려고 한다. 누구에게나 어려운 점이 있다. 상사도 조직 생활을 하느라 힘든 일이 많을 것이고 가정사 애로사항이 있을 수 있다. 승진에 대한 압박으로 예민한 상태일 수도 있다. 그런 점들을 생각하면서 측은지심을 가져본다. 상사의 특질에 관해서 관찰하게 되면 개인 일상도 알게 되고 그의 과민 반응이나 과장된 행동에 대해서 이해심이 생길 수 있다.

4. 정공법과 우회 전략

상사가 나를 업무적으로 인정할 수밖에 없도록 만드는 정공법이다. 부하직원으로서 경쟁력 있는 업무 능력을 상사에게 보여주는 방법이다. 일을 잘한다는 것은 회사에서는 가장 기본적 덕목이다. 만약 자기 몫의 역할을 못 한다면 발언권이 약해지고 상사가 부하직원을 무시하게 될 가능성이 크다. 상사와 내 관계가 어려운 이유가 내 일 처리 능력 때문이라면 더 할 말이 없는 것이다. 뛰어난 업무 능력을 보여주는 직원이나 남들이 못하는 일을 처리할 수 있는 직원은 상사가 함부로 못 한다. 정공법이다. 운신의 폭도 커진다.

다음은 우회 전략이다. 상사가 어려워하는 사람이나 상사의 상사(차상급상사)에게 내가 인정을 받거나 그들과 가까이 지내는 방법이다. 회사 핵심 인물이 나를 함부로 대하지 않는다는 걸 알게 되면 상사도 나를 신경 써서 대하게 된다.

5. 조용한 운신

상사에 대한 험담이나 약점을 말하고 다니지 않는다. 상사가 잘못한 일들이 있더라도 나서서 동료들과 뒷말하지 않는 것이 좋다. 그 자리에서 당신 말에 맞장구친 동료가 나중에 다른 곳에서 당신에 대한 안좋은 말을 퍼트릴 수 있다. 안 좋은 말은 잘 돌아다닌다.

6. 와신상담

인사 이동이나 조직 개편 시기가 올 때까지 참고 기다린다. 내 실력을 키우면서. 회사에서는 정기 또는 수시 인사 이동이나 조직 개편이 있다. 눈 딱 감고 1년만 참아본다. 내년에 상사가 부서를 옮길 수도 있고 해외 파견 기회가 내게 올 수도 있다. 사내에 새로운 태스크포스 팀이 만들어질 수도 있다. 새 태스크포스 팀에 자원할 때 그쪽 팀장이 흔쾌히 받아들일 정도로 내 능력과 가치를 높이자.

'나쁜 상사'나 '꼴 보기 싫은 상사'란 사실 인간성이 나쁘거나 비도덕적이란 뜻보다는 나와 상사 간 관계가 원만하지 않거나 꼬이는 걸 의미한다. 누구도 완벽한 인성과 능력을 지니고 있지 않다. 상사도 완벽한 사람은 아니다. 혹시 나도 완벽하지 않으면서 그의 약점만 부각해 보는 건 아닌지 생각해볼 일이다. 회사 생활 오래 하고자 하는 분이라면 살아남는 자가 강한 것이라는 정글의 법칙을 되새기면서 보기 싫은 상사와 공생하는 법을 찾아봐야 하지 않을까?

'샐러리맨' 또는 '월급쟁이'라는 말을 들으면 어떤 이미지가 떠오르나? 월급에 매여 마지못해 출근하는 직장인, 고단한 얼굴로 아침에 복잡한 버스와 전철에 오르는 사람들의 모습이 그려진다. 피곤함이 묻어나는 수동적 이미지다. 그래서 나는 이 단어들을 좋아하지 않는다. '직장인'이라는 표현이 훨씬 낫다.

직장인들이 거치는 삶의 과정을 한번 들여다보자. 사회 초년생으로 입사한 이후 직장인들은 회사 생활에 익숙해져 간다. 자기를 조금씩 회사라는 울타리 안에 가둔다. 나이가 들수록 수동적 직장 생활이 몸에 밴다. 크게 만족은 못 해도 나와 가족의 안정적 생활을 보장해주니 변화에 대한 시도는 하지 않는다. 변화란 위험하고 힘든 거니까. 가족들도 좋아한다. 그러다 어느덧 40대가 된다. 자녀들이 중고등학교에 다니거나 대학 가게 되는 40대 중반 이후 급격히 늘어나는 생활비와 교육비 지출에 불안감이 커진다. 대학교 학비 부담에 걱정이 앞서고 변덕스러운 상사 눈치를 보면서 직장 생활을 힘들게 이어간다. 젊은 시절, 호기롭게 사직서를 던지던 그런 행동은 꿈도 못 꾼다. 회사를 그만두면 40대 중반이 넘은 사람을 이 불경기에 어디서 받아줄 것인가?

이런 피동적 상황, 회사와 상사의 처분에 내 인생이 좌지우지되는 상황을 타개할 방법은 없을까? 꼭 회사를 박차고 나가서 창업하자는 건 아니다. 직장을 다니면서 내 삶이 주변 상황에 덜 휘둘리게 하는 방법을 찾아보자는 것이다. 내가 제시하는 답은 자기만의 '업', 즉 평생 직업을 찾아서 조금씩 준비하는 것이다. 바쁜 회사 생활 하면서 언제 그런 걸 하냐? 고 반문할 수 있다. 맞다. 쉬운 일은 아니다. 쉬운 일이라면 누구나 다 그렇게 하며 걱정 없이 잘살고 있을 것이다. 각오하고 실천해야 하는 일이다. 주도적으로 직장 생활을 하고 회사를 퇴직한 후에도 성공적인 삶을 가꿔가려면 자기의 '업'을 발굴하고 키워야 한다.

만약 회사에서 지금 하는 일을 중심으로 '업'을 가꿀 수 있다면 금상첨화다. 회사에도 이바지하고 상사에게도 인정받으면서 미래를 준비할 수 있다.

내가 대기업을 그만두고 IT 벤처기업에 입사하던 40대 초반은 2000년이었다. '밀레니엄 2000'의 인터넷 열풍과 벤처 투자 광풍이 불 때였다. 아이디어 하나로 대박 나는 분위기에서 신생 벤처기업들이 우후죽순 설립됐고 초기 투자 자금도 어렵지 않게 유치됐다. 많은 직장인이 꿈을 안고 골드러시처럼 벤처기업으로 이동했다. 그러나 대부분 비즈니스 모델은 얼마 가지 못해 수익을 창출하지 못한다는 것이 밝혀졌다. 인터넷 초기 단계의 미숙한 시장 상황은 수요를 만들어내지 못했고 거품이 꺼지기 시작했다. 그때 등장했던 아이디어들은 10년이 더 지나서야 현실화하기 시작했다. 네트워크 속도나 보안 문제, 콘텐

츠 생태계, 라이프스타일 등 많은 조건이 무르익어야 비로소 수익 모델이 작동하기 시작한다. 초기 인터넷 및 IT 거품이 꺼지면서 경기 침체가 왔다. 직장인들이 자의 또는 타의로 회사를 떠나는 사태가 벌어졌다. 나도 그 대열에 있었다. IT 벤처기업에서 동료들과 3년 가까이 분투했지만 회사를 키우지 못했다. 투자한 개인 재산도 날렸다.

그때까지도 나는 평생 직장이라는 과거 개념에서 벗어나지 못했다. 회사를 떠난다는 생각이나 그 이후에 대해 생각은 하지 않았다. 회사가 속한 산업 분야에서 오래오래 살 것 같았다. 최악의 경우, 그동안 회사 경력으로 어디든 갈 수 있다고 생각했다.

백수가 되고 예전 직장 선배가 운영하는 헤드헌팅 회사에 이력서를 제출했다. 며칠 후 선배로부터 연락이 와서 만났는데 그의 말은 이랬다. "안 과장, 좋은 곳이 쉽게 나오지 않을 것 같은데. 알다시피 경제 상황도 안 좋고 40대 초반에 임원급 경력인데 정보통신업계에서는 이제 나이가 많고 연봉이 너무 높네. 연봉은 좀 낮추고 여유를 가지고 천천히 준비해보자." 나는 낯설었다. "40대 초반인데 나이가 너무 많다니? 나 원 참, 헤드헌팅 실력이 모자라니까 별소릴 다 하네." 이렇게 생각하며 선배에게 고맙다는 인사말과 함께 사무실을 나왔다. 그때 좀 여유를 가지고 기회를 타진했어야 했다. 한 달 후 지인의 요청으로 다른 IT 벤처기업에 입사하고 말았다. 여기도 부실한 수익 모델과 기술력 부족, 대표이사와의 생각 차이로 1년도 안 되어 스스로 그만뒀다. 다시 몇몇 헤드헌팅 회사에 이력서를 넣었다. 좋은 소식은 없었고 백수 기간은 4개월째로 접어들었다. 슬슬 나 자신을 돌아보기 시작했다.

내 이력서, 스펙과 경험은 홀로서기 할 수 있는 수준인가? 대기업 브랜드와 영향력을 후광으로 스스로 과대평가해 왔음을 느꼈다. 자신의 '업', 전문 직업인으로서의 미래 모습을 그려 보지 못했다. 그러다 "나는 누구인가?" 에 대해서 강제로 돌아보는 상황에 부닥치게 됐다. 지하철 역사 주변에는 갈 곳 없어 서성대는 사람이 많았다.

얼마 후 업종도 생소한 작은 중소기업에서 인터넷 채용 공고로 관리임원 뽑는 걸 보게 됐다. 작은 회사였지만 전문성과 차별성이 있어 보였다. 면접 보러 가는 길목에 공업사와 세차장들이 있었다. 골목은 좁았고 누렇게 색이 바랜 아파트형 공장 건물이 날 기다리고 있었다. "그냥 돌아갈까?, 강남에서 근무하던 일이 엊그제 같은데 이건 무슨 시츄에이션?" 흔들리는 마음을 다잡고 면접 보러 들어갔다. "작은 회사지만 차별화 포인트가 있는 것 같다. 이건 기회야." 자신에게 말했다. 나는 지금까지도 이 회사에 다니고 있다. 올바른 판단을 한 것 같다. 이 회사에 다니면서 월급쟁이라는 생각을 탈피하고 주도적으로 일하고자 했다. '업'을 고민하기 시작했다. 입사 당시 임직원 26명이던 회사는 이제 150여 명의 국내 최고 해양환경엔지니어링 전문회사가 됐다.

그럼 자기만의 '업'을 어떻게 찾을 것인가? 업을 찾기 위해서는 스스로 계속 질문을 던져야 한다. 조급할 필요는 없다. 주요 질문은 아래 4가지로 정리해 볼 수 있다.

1) 나는 무엇을 할 때 기분이 좋아지고 내가 잘할 수 있는가?
2) 나는 앞으로 무슨 일하고 싶은가?
3) 내 핵심 역량은 무엇이고 무슨 일을 남보다 잘하는가?
4) 현재 회사 일과 연관 지어 업을 결정할 수는 없을까?

업을 찾았다면 이제 그 방향으로 전문가가 되기 위한 준비를 해야 한다. 회사에 다니면서 준비하기 위해서는 회사 일과 연결된 전문성을 쌓는 것이 유리하다. 예를 들어 해당 업무 분야의 학위나 기사 자격증을 취득하면 회사도 반긴다. 프로젝트 제안이나 입찰 참여 시 유리해지기 때문이다. 또한 업무 수행 능력이 향상되므로 공개적으로 자기계발을 할 수 있다. 상사도 업무 역량이 향상되고 성과를 내는 직원의 자기계발에 대해서 만족하게 된다.

평균 수명 100세의 장수 사회가 다가오고 있다. 개인과 사회는 미처 준비가 안 됐는데 의료 기술의 놀라운 발전은 평균 수명을 급격히 연장하고 있다. 70대까지도 일하고 돈 벌어야 하는 시대가 왔다. 업을 위한 준비는 더욱 중요해진다. 구체적인 실행 계획을 세우고 매일 조금씩 실천해 나가기를 권한다.

'업'의 선택은 내가 잘할 수 있고 좋아하는 일, 내 핵심 역량을 이용할 수 있는 분야, 그리고 회사 업무와의 연관성을 중심으로 결정하게 된다. 이런 방향으로 움직이는 것은 매우 바람직하다. 여기에 두 가지 꼭 점검해야 할 사항을 소개하고자 한다. 그것은 '전문성'과 '차별성'이다. '전문성'과 '차별성'은 개인의 경쟁력을 좌우하는 중요한 요소다. 전문성과 차별성을 갖춘 사람은 희소 가치가 높고 대체할 인력이 드물어서 회사에 필요한 인재로 분류된다. 퇴직 이후에도 경쟁력을 갖추려면 이 요소들을 고려해야 한다. '전문성'은 한 분야에서 깊이 있게 아는 지식과 경험을 의미하고, '차별성'은 남과 다른 특징을 보유하는 걸 말한다.

내 업무가 동료의 역할과 차이가 없다면 내 희소 가치는 떨어진다. 희소가치를 올리기 위해서는 차별성이 있어야 한다. 특정 분야에서 전문성을 보유하더라도 그 부서에 같은 역량을 보유한 동료들이 많다면 내 차별성은 낮아진다. 두 가지를 동시에 보유한다면 회사 내에서, 그리고 퇴직 후에도 경쟁자를 따돌리고 성공할 확률이 높아진다. 먼저 '차별성'에 대해서 알아보자('전문성'은 다음 장에서 언급).

퇴직자가 증가하는 해에는 치킨집이 폭발적으로 늘고 결국 닭(원재료) 유통회사의 수익만 보장한다는 기사를 본 적이 있다. 치킨 사업은 상대적으로 대단한 노하우나 기술, 자본력이 필요하지 않은 업종이다 보니 많은 퇴직자가 뛰어든다. 아파트 단지마다 치킨집이 들어서고 온라인 배달 치킨 사업도 증가하고 있다. 소비자들이야 선택 폭이 다양해지니 좋지만, 업주들 간 경쟁은 심해질 수밖에 없다. 치열한 경쟁에서 살아남기 위해 고민하고 차별화 전략을 구사한다. 오리지널 치킨과 양념치킨 외에 마늘과 치즈가 가미된 메뉴들이 출시되고 청양고추, 쌀가루를 이용한 치킨도 나온다. 꿀이나 올리브유 같은 좋은 원재료를 쓴다는 고급화 전략도 선보인다. 가격을 낮추는 전략을 쓰기도 한다. 그런데 이런 활동은 지속해서 원가 부담을 키우고 수익성을 악화한다. 차별화를 유지하기 위해 상당한 노력과 돈이 들어간다. 처음엔 소자본 창업이 가능해서 뛰어들지만 경쟁이 심하다 보니 차별화를 위해 추가 투자와 기술이 요구되는 것이다. 이런 현상(레드오션)을 피하기 위해선 애초 포화 상태인 치킨 업종 말고 남들이 하지 않는 분야를 찾아낼 필요가 있다. 이것이 진정한 차별화 전략이다.

직장인의 업무 역할도 마찬가지다. 남들이 다 하는 업무보다는 자기만의 차별화 포인트를 개발하는 것이 주효하다. 세계적으로 유명한 오토바이용 헬멧 브랜드, 모자, 양궁 브랜드가 우리나라에 있다. 남들이 신경 안 쓰던 분야에 뛰어들어 차별화 전략을 구사한 예다. 치킨 업종에서의 치열한 경쟁 때문에 우리나라 치킨의 소금 절임 기술과 맛은 외국인들이 놀랄 정도다. 차별화를 이루기 위해 닭을 선호하는 해외 시장에 진입하는 방법도 있고, 예를 들자면 칠면조나 오리를 이용한 새로운 튀김 요리로 차별화를 시도할 수 있을 것이다. 왜 꼭 닭인가?

요즘에는 카페 창업이 대세다. 길 가다 커피를 마시고 싶으면 어디서나 쉽게 카페를 찾을 수 있다. 50미터에 하나씩 가게가 있는 것 같다. 고가의 커피 전문점부터 저가 카페까지, 샌드위치와 요기 거리를 파는 카페에서부터 케이크와 마카롱을 같이 파는 카페까지 다양하다. 이제 카페를 창업한다면 일반 카페들과는 차별화된 가게를 운영해야 살아남을 것 같다. 미국 대형 커피 브랜드인 별 다방은 전국 곳곳에 매장을 급속도로 확장하고 있는데 함께 경쟁할 국내 브랜드는 없다. 소자본의 자영업자들이 동네마다, 골목마다 카페를 오픈하고 있다. 수많은 업주는 경쟁 구도 속에서 심한 고생을 겪을 것 같다. 우리나라는 다른 사람들과 차별화를 꾀하기보다는 남들이 하는 일을 같이 따라 하려는 동조화 경향이 강하다. 대만이나 일본의 경우, 커피 말고도 녹차나 버블티, 흑당라떼 등 맛 좋고 유명한 음료 브랜드와 가게가 많다. 소비자들도 꼭 커피만 고집하지 않는다. 반면 우리나라는 업주와 고객 모두 '동질화'를 추구하는 성향이 있다.

'차별화 전략differentiation strategy'이란 용어를 살펴보자. '차별화 전략'이란 자사만의 독특한 서비스와 제품을 시장에 출시하는 마케팅 전략이다. 디자인이나 브랜드 이미지, 기술력, 제품 특성, 고객 서비스 차별성 등이 그 요인이 될 수 있다. 차별화 전략이 평균 이상의 수익을 올릴 수 있는 것은 차별화된 제품이나 서비스를 원하는 고객들은 가격에 덜 민감하기 때문이다(HRD 용어 사전). 이 용어를 활용해 직장인의 차별화 전략에 대해 정의해보자. 직장인의 차별화 전략은 "나만의 독특한 역량을 상사(회사)에게 보여주는 전략이다. 내 브랜드 이미지, 기술력, 업무 처리 특성, 대고객 서비스 차별성이 주요 요소다. 내 차별성이 부서 성과에 이바지한다면 상사는 내 연봉과 각종 자원의 지출에 대해 민감하게 생각하지 않을 것이다." 차별화란 다른 사람이 만족하지 못하는 상사의 요구를 충족해서 내 가치를 올리는 행동이다.

그럼 차별화를 꾀하기 위해서 무엇을 어떻게 해야 하나? 앞서 2장, '부하가 중심인 상사 관리법'에서 '부하직원의 차별적 역량 키우기'를 언급했다. 지금쯤 여러분은 가물가물할 것이다. 다시 정리하면, 자기가 속한 조직에서 남들이 못하고 있거나 신경 안 쓰고 있는 일, 그런데 회사에는 긴요한 일이 있는지 탐색하는 것이다. 상사가 "아, 왜 우리 부서에는 이 일을 할 만한 사람이 없을까?" 이런 말 혹시 들어본 적 없는가? 회사 생활 하다 보면 종종 듣는 말이다. 부서에는 꼭 필요한 일인데 수출입 업무를 할 사람이 없다거나 영문 계약을 추진할 사람이 없다면 그 일을 당신이 맡을 수 있다. 손들고 자꾸 해보면 전문성이 생기고 스스로 차별화 역량을 쌓을 수 있다. 어떤 부서는 상사와 동료들이 고객사 접대에 영 소질이 없다. 그렇다면 당신이 고객사를 응대하고 원활하게 협상하는 능력을 키울 수도 있다. 업무를 수행하면서 연관 분야로 일을 확대해 나가는 것도 좋다. 예를 들어 특정 제품의 개발과 판매를 오프라인에서 하다가 온라인으로 확대하거나 외국 시장으로 확대하는 식이다. 자신의 업무 영역을 넓히거나 꾸준한 자기계발을 통해서 동료들과 다른 차별화 포인트를 확보

할 수 있다. 부서에서 "이 업무는 김 과장밖에 못 해. 김 과장 불러야
해."라는 말이 들린다면 차별화에 성공한 거다.

회사에서 신사업 추진을 검토하거나 개인이 창업한다고 가정하자. 제일 먼저 무엇을 할까? 누구나 시장 조사부터 시작할 것이다. 온라인에서 자료도 찾아보고 직접 발품도 팔면서 하려는 사업이 시장에서 어떻게 돌아가는지, 수요와 공급은 어떤지, 경쟁자는 얼마나 되고 어떻게 사업을 전개하고 있는지 살펴본다. 수요 예측도 해보고 원가와 판매가격도 따져본다. 조사가 끝나면 이를 토대로 사업 계획을 짜보고 사업성(수익성)을 판단한다. 그런데 신규 사업을 검토할 때 종종 간과하는 요소가 하나 있다. 바로 '시장 진입 장벽Market Entry Barrier'이다. 그냥 '진입 장벽'이라고도 한다. 무시할 경우 치명적인 결과를 초래할 수 있다.

2000년에 나는 정보통신기업 선후배들과 함께 다니던 회사를 나왔다. 벤처기업을 설립하고 신사업을 추진했다. 인터넷이 빠른 속도로 확산하면서 초기 인터넷 쇼핑과 온라인 사업들이 등장하기 시작했다. 우리는 몇 가지 사업을 기획하면서 1차로 온라인 결제대행서비스 사업을 하기로 했다. 지금은 당연한 거지만 그때는 인터넷에서 전자결제, 즉 신용카드나 핸드폰 결제, 실시간 계좌이체가 생소하던 시절이었다. 이 서비스를 시작한 선두주자가 있었지만 우리는 인터넷 시장의 엄청난 확대를 예견하며 후발 주자로서 충분한 입지가 있다고 판단했다. 인터넷 비즈니스를 위해서는 꼭 필요한 기능이었고 인프라였다. 그러나 이 서비스 시장에 1~2년 후 수많은 경쟁자가 뛰어들었고 금융기관과 통신사와의 네트워크 연계는 비독점적, 개방적으로 이뤄졌다. 후발 주자들이 진입할 수 없도록 장벽을 칠 수단을 확보하지 못했다. 순식간에 치열한 경쟁 시장이 됐다. 엎친 데 덮친 격으로 초창기 인터넷 쇼핑몰과 전자상거래는 생각보다 빠르게 증가하지 않았다. 수익 창출이 어려워졌고 회사는 적지 않은 손실을 봤다. 이때부터 나는 신사업을 검토할 때, 그리고 특정 회사의 미래 가치를 살펴볼 때 시장 진입 장벽에 대해서 따져보는 버릇이 생겼다.

아무리 수익성이 있어 보이는 사업이라도 진입 장벽이 낮다면 조심해야 한다. 시장 진입 장벽이란 "특정 시장에 새로운 업체가 뛰어드는 것이 얼마나 어려운가? 시장 진입 시도를 어렵게 만드는 장벽이 존재하는가?" 하는 개념이다.

우리 회사가 새로운 시장에 들어가려 한다면 그 시장의 진입 장벽이 낮은 것이 좋고, 반대로 내 회사가 이미 안정적 수익을 내는 시장에서는 남들이 들어오지 못하게 높은 시장 진입 장벽이 있는 것이 유리하다. 예를 들면 특정 시장에 진입하려면 막대한 초기 투자 자금이 소요되거나 높은 기술력이 있어야 한다면 진입 장벽이 높은 것이다. 대규모 유통망을 보유해야 하거나 기존 업체가 구축한 브랜드 가치가 너무 높아서 신생 업체가 뛰어들기 어렵다면 이것도 높은 진입 장벽이다. 이 개념은 개인이 창업할 때, 직장에서 경력 관리를 할 때도 꼭 생각해봐야 하는 요소다.

경쟁이 치열한 한국 사회에서는 어떤 사업이 좀 된다고 하면 너도나도 유사한 신사업을 번개같이 기획하고는 잘 따져보지 않고 우르르 뛰어드는 경향이 있다. 수익성이 없는 사업이라면 당연히 성공이 보장되지 않지만, 수익성이 있다 해도 지속해서 성공을 누리기 어렵다. 반짝 수익을 내는 것과 지속해서 수익을 내는 사업 모델은 근본적으로 다른 것이다.

앞에서 '차별화'를 얘기하면서 경쟁이 치열한 치킨 업종과 카페에 대해 예를 들었는데 이런 업종이 진입 장벽이 낮은 대표 경우다. 치킨 가게와 동네 카페를 하기 위해서는 대규모 자금이 소요되거나 높은 기술력이 필요한 것은 아니므로 진입 장벽은 상대적으로 낮다. 누구나 관심을 가지고 훈련받으면 뛰어들 수 있다(업종 전문성을 무시하는 건 아님. 이 분야에 명장들이 있고 높은 기술력으로 사랑받는 곳도 있음). 그렇다 보니 경쟁이 치열해진다. 따라서 처음에 업종을 선택할 때 '시장 진입 장벽'을 고려해 치열한 경쟁 상황에 빠질 가능성을 줄이는 것이 좋다. 개인의 경력 관리 측면에서는 '전문성'을 보유하는 것이 한 예가 될 것이다. 자기의 업이 남들이 따라오기 어려운 높은 전문성을 요구한다면 진입 장벽을 치는 것과 같다. 예를 들면 공부하기 힘든 의사 면허증이나 어떤 분야의 명장 자격을 따는 행동 같은 것이다. 또는 남들이 관심을 두지 않거나 진입할 엄두를 못 내는 분야로 들어가는 방법도 있다. 예를 들면 도시 출신 아가씨가 해녀가 된다든지, 어묵을 고급화하여 제과점 이미지를 구축하는 것, 장의사를 거부감 없는 고품격 서비스로 변신하는 일 등이다. 진입 장벽이 높으면서 내가 잘할 수 있는 일이 뭘까?"라고 질문을 던져 보자. 쉽게 답이 나오지는 않는다. 하지만 질문을 던지고 고민하는 과정이 필요하다.

우리 회사 건물 옆에는 "구두, 열쇠"라고 써진 소형 컨테이너가 하나 있다. 거기엔 매일 구두를 닦는 부지런한 사장님이 있다. 이분은 손님을 기다리지 않고 건물 층별로 돌아다니며 구두를 거둬 갔다가 당일 닦아서 가져다준다. 월 회원제 서비스도 있다. 사장님은 이 일대에 분점이 2개 더 있다. 3개 거점을 가지고 서비스를 하는데 오전, 오후, 그리고 저녁 시간대로 나눠 근무지를 오토바이로 이동한다. 거점별로 고객들 시간대가 다른 것 같다. 한 번은 저녁때 번화가 대로변을 걷다가 반갑게 인사하는 분이 있어서 보니 그 사장님이었다. 구두를 닦기 위해 요구되는 기술력이 진입 장벽 측면에서 크게 높지는 않을 것이다. 하지만 이분은 기술 외에 부지런함과 적극적 영업력으로 시장 진입 장벽을 크게 높이고 있다고 볼 수 있다. 다른 사람들은 돈 줄 테니 따라 하라고 해도 쉽사리 못하지 않을까?

한때 모 여대 앞에 호떡 팔던 분이 명성을 얻은 적이 있다. 그분은 전통적인 흑설탕 호떡 대신 예쁘고 맛있는 딸기 호떡, 고구마 호떡 같은 신제품을 개발해 차별화에 성공했다. 여대 앞에서 인기가 좋아 학생들이 줄 서서 사 먹었고 방송도 탔다. 그 이후 그분에 관한 기사를 접하지는 못했는데 계속 그 일을 하고 수익을 내고 계신 지 궁금하다. 사실 지속해서 수익을 내기 어려울 것이라는 생각이 든다. 방송까지 타면 수많은 사람이 비슷하게 시도한다. 이제 경쟁력을 유지하려면 끊임없이 속 재료를 차별화하거나, 새로운 형태의 맛있는 호떡을 개발해야 한다. 사람들 입맛도 간사하다. 당시 내 딸은 대학교 1학년이었는데 저녁밥 먹으면서 이런 얘기를 했다. "학교에서 교수님이 모 대학교 앞 호떡집 이야기를 해주셨어. 예쁜 딸기 호떡, 호박 호떡 같은 걸 개발했는데 맛도 좋고 잘 팔려서 대박이 났대. 남들이 안 하는 차별화를 꾀하면 호떡 장사해서 큰돈 벌 수 있어, 나중에 취직하지 말고 호떡 장사해도 될 것 같아."라고 신나게 얘기를 했다. 순간 나는 "어어, 좋은 이야기긴 한데 약간 이상한 방향으로 가네. 교수님이 차별화에 관해서 설명한 것 같은데. 음, 시장 진입 장벽에 대해서는 말씀을 안 해주셨군. 그런데 어디서부터 얘기를 시작해야 하나?" 당황했던 기억이 난다.

높은 시장 진입 장벽을 치기 위한 요소로는 기술력(전문성), 자본력, 유통망, 인적 네트워크, 싸게 좋은 원재료를 공급받는 능력, 브랜드 인지도, 부지런함 등이 있다. '업'을 선택할 때 높은 진입 장벽을 칠 수 있고 남이 따라 하기 어려운 쪽을 택하는 것이 장기적으로 성공 확률을 높이는 방법이다.

고래 싸움에 새우 등 터지는 일이 있다. 직속 상사와 차상급상사가 서로 대치하는 경우다. 이렇게 상사 간 갈등 상황이 발생한다면 누구 편을 들어야 할까? 참 어려운 질문이다. 직장 생활을 하다 보면 누구나 한 번쯤 마주치게 되는 상황이다. 갈등 양상이 일회성 이벤트로 끝나면 다행인데 장기적이고 심각한 경우도 벌어진다. 부하에게 '너는 누구 편이냐?' 고 무언의 압박이 올 정도가 되면 사내 정치판이 형성되는 안 좋은 상황이 연출된다. 바람직한 조직에서 있어서는 안 되는 일이지만 세력 간 견제와 다툼이 발생한다. 이럴 때 부하직원은 어떻게 행동해야 할까? 특정 편을 드는 것은 매우 위험한 일이니 중립 태도를 견지하는 것이 일단 유리할 것 같다. 양쪽 모두와 적당한 거리를 유지하는 것이 정답 아닐까? 직속 상사 편들다 차상급상사의 눈 밖에 나도 큰일이고, 차상급상사 편을 들다 직속 상사에게 찍혀도 문제다. 부하직원 관점에서 무엇이 유리할까?

사실 이 질문에 대한 명확한 정답은 없다. 상사들 간 갈등 원인, 조직 내부 상황, 직속 상사와 차상급상사의 성향, 조직에서 차지하는 그들의 위상 등 여러 조건에 따라서 부하직원의 올바른 대처법이 달라질 수 있기 때문이다. '그때그때 달라요'가 될 수 있다. 하지만 일반적으로는 직속 상사 편을 들어야 한다는 게 내 의견이다. 언뜻 차상급상사가 더 높은 직위에 있고, 영향력이 크므로 차상급상사 편을 들어야 한다고 생각할 수 있다. 하지만 그렇지 않다. 직속 상사는 차상급상사보다 조직 내 영향력은 작지만, 나에 대해서는 직접적인 영향력을 행사하는 사람이다. 내가 직속 상사에게 반대하고 차상급상사 편을 든다면 차상급상사도 의아해할 수 있다. 차상급상사는 조직이 성과를 내기 위해 직속 상사와 그 부하직원들이 뭉치고 협력하기를 바란다. 직속 상사의 부하들이 그를 반대하고 자기를 지지하는 모습을 본다면 차상급상사는 불안해질 수 있다. 직속 상사의 리더십에 문제가 있다고 생각할 것이고, 동시에 부하직원들에게도 문제가 있는 건 아닐까? 라는 의구심을 갖는다. 그의 부하직원들이 지금은 내 편을 드는 것처럼 행동하지만 근본적으로 조직 질서를 흐리는 직원이라고 생각할 수 있다. 따라서 직속 상사에게 반대하고 차상급상사 편을 드는 행동은 불가피하게 그럴 수밖에 없는 환경 조건이 무르익었을 때 해야 한다. 예를 들면 직속 상사와 차상급상사 간 갈등 원인이 명백히 직속 상사에게 있고 그가 회사에 위해를 끼치는 행동을 한 경우, 직속 상사의 무책임한 행동이 계속 쌓여 조직에 악영향을 미치는 경우 등 명백한 문제가 존재하고 그 사실을 다수가 인지하는 상황을 말한다. 그런 경우라면 직속 상사에 대한 지지를 철회할 수도 있다. 그 전까지는 직속 상사 편을 들거나 아니면 중립 태도를 유지하는 것이 안전할 것이다.

부하직원이 중립 태도를 보이는 것이 항상 안전한 선택인지 생각해 보자. 직속 상사와 차상급상사 사이에서 중립을 유지하는 건 분명 효과적이다. 하지만 특수한 상황에서는 이 태도가 불리하게 작용할 수 있다. 양자 간 충돌이 첨예한 상황에서 부하에게 어느 편인지 밝히라는 무언의 압력이 들어오는 경우다. 부하직원의 중립 태도는 직속 상사와 차상급상사 모두에게 신뢰를 주지 못한다. 팀장 시절 경험을 떠올려본다. 직속 상사의 상사가 타 회사에서 스카우트되어 우리 부문장으로 들어왔다. 차상급상사는 타 회사 경력이 화려했고 지명도 있는 분이었다. 그분은 업무 파악을 위해서 팀장급 직원들을 자주 불러 1:1 면담을 했다. 면담 내용 중에는 자연스레 직속 상사와 관련된 얘기도 포함됐다. 차상급상사가 바로 아래 부하(내 직속 상사)를 건너뛰고 그 밑의 팀장들과 대화를 강화한 것이다. 내가 차상급상사와 대화를 나누고 자리로 돌아오면 직속 상사는 내가 면담한 사실을 어떻게 알았는지 곧 나를 불러서는 무슨 얘기를 나눴는지 은근히 묻는 상황이 벌어졌다. 난감했다. 어디까지 말해야 하나? 직속 상사와 차상급상사가 내게 서로 상충하는 업무 지시를 하는 일도 발생했다. 군대 다녀온 남자들은 이 상황이 왠지 낯설지 않을 것이다. 분대장과 선임병장 사이에 낀 상병과 유사하다. 나는 중립 태도를 보였고 객관성을 유지하려고 했다. 2년이 채 못 되어 차상급상사는 회사에 뿌리내리지 못하고 떠나게 되었다. 반면 직속 상사는 진급하면서 핵심 임원으로 부상했다. 나는 직속 상사에게 찍히는 정도는 아니었지만, 그가 아끼는 부하직원이 되지는 못했다. 그때 직속 상사를 적극적으로 옹호하는 편에 섰다면 어떻게 됐을까?

이런 사례는 주로 대기업에서 발생하는 현상이다. 다양한 사람이 모여서 협력도 하지만 동시에 경쟁하다 보니 역학관계들이 존재한다.

중소기업에서는 굳이 사내 정치랄 것도 없는 경우가 많다. 보통 오너 owner 에 모든 권력이 집중돼 있기 때문이다. 오너와 대표이사가 동일 인인 경우가 많고, 공채를 통한 직원 집단이 없으므로 세력화되거나 몇 개의 집단이 갈등을 겪는 상황이 발생하기 어렵다. 하지만 친척이나 창업 집단처럼 오너 가까이에서 영향력을 행사하는 일단의 세력이 있을 수 있다. 이 경우도 한 집단이 직원들에게 일방적으로 영향력을 행사하는 구조이며 쌍방이 세력 다툼을 하는 상황은 아니다.

상사 간 갈등구조 때문에 난감한 상황이라면 특정 상사 편에 서기 전에 정보 수집과 동료의 조언을 얻고 신중한 판단을 하는 것이 좋다. 상사 간 갈등 원인이 무엇인지 제대로 알기도 전에 섣불리 한쪽 편을 비난하거나 옹호하는 태도를 보이지 말아야 한다. 나와 가까운 동료들도 혹시 내 편이 아니거나 나와 생각이 다를 수 있으니 그들이 어느 편인지 파악해야 한다. 쉬운 일은 아니지만, 시간을 좀 가지고 관찰해보면 대부분 알 수 있다. 상대방에 대해 파악이 안 됐는데 내 속마음을 먼저 노출하면 손해다. 내 속마음이 상사나 차상급상사에게 이상하게 각색되어서 전파될 수도 있다. 미묘한 조직 내 환경 속에서 별 것 아닌 것 때문에 낭패를 당할 수 있다. 예전에 근무하던 회사에서 있었던 일이다. 본부장과 부문장 간 회사의 노사관계 이슈 때문에 충돌이 있었다. 그런데 어느 날 나와 가까운 동기 팀장이 내게 다가와서는 "그럴 줄 몰랐어." 라고 한마디 뱉고는 가버렸다. 난 순간 '이게 뭐지? 그럴 줄 몰랐다니, 내가 뭘 어쨌다고?' 황당했다. 나중에 그 친구를 찾아서 이야기를 나눴지만 뒤끝이 영 개운치 않았다. 상사들도 나를 오해하고 있을 것이 아닌가? 아무런 행동을 하지 않아도 어떤 말이 돌아다닌다. 오해를 사지 않게 주의해야 한다.

이런 갈등 상황이나 권력 다툼이 회사를 해치고 여러분이 정말 힘든 상황이라면 인사부서나 감사팀과 상의해볼 수 있다. 인사 부서나 감사팀이 직속 상사나 차상급상사의 영향력을 벗어나서 독립성을 유지하고 있다면 말이다. 때로는 기획실 등 다른 조직이 이런 역할을 담당하기도 한다. 선의의 비밀을 보장해주는 조직이 있는지 확인해본다. 사내 정치 풍토가 내 가치관과 안 맞아 힘들면 회사 내에서 다른 조직으로 옮기는 방법이 있는지 타진해볼 수 있다.

8. 이런 행동만은 제발

여러분과 내 목적은 상사에 대한 호불호 감정을 좀 콘트롤하면서 어떻게든 상사를 만족시키고 그로부터 신뢰를 끌어내어 인정받으려는 것이다. 그런데 부정적인 행동이나 감정이 앞서는 태도 때문에 서로 신뢰를 해치는 일이 발생한다. 별생각 없이 던진 말과 부정적 행동은 쌓아 올린 신뢰를 순식간에 무너트릴 수 있다. 혹시 나도 모르게 부정적인 행동을 하고 있지는 않은지 살펴보자.

첫째, 상사가 시킨 일만 적당히 한다. 티가 난다. 월급 받은 만큼만 일하겠다는 굳건한 자세를 표방한다. 이런 태도는 상사 눈에도 보인다. 부하에게 신뢰가 생기지 않는다.

둘째, 상사 의견에 대해 공개 석상에서 직설적으로 반대한다. 부하직원의 논리가 합당하고 명쾌할수록 상사의 자존심이 상한다. 상사가 논리적으로 말한 부하직원을 칭찬하고 인정할 것 같은가? 아니다. 특히 자존심 강한 상사라면 그 부하직원을 싫어할 수도 있다. 자존감 높고 리더십 있는 상사 중에는 활발한 반대 토론을 장려하는 사람도 있다. 토론과 갈등을 활성화하는 바람직한 조직 문화를 가진 회사도 있다. 그렇더라도 공개 석상에서 직설적인 반대는 조심해야 한다. 반대 의견을 개진할 때는 표현을 좀 순화하고 간접 어법을 사용하는 게 어떨까? 자기도 모르게 직설적인 말이 튀어나오는 사람들이 있다. 나를 포함해서.

셋째, 상사를 험담하고 약점을 퍼트리고 다닌다. 앞에서는 동료들이 맞장구친다. 동료들과 스트레스도 풀고 재미있는 시간을 보낼 수 있다. 하지만 결국 누가 그런 말을 흘렸는지 상사 귀에 들어간다.

넷째, 주요 업무 정보를 혼자 알고 상사에게 보고하지 않는 경우가 있다. 상사가 그 사실을 알게 되면 기분이 언짢을 것이다. 더구나 부하직원이 어떤 정보를 직속 상사는 건너뛰고 차상급상사에게만 알려준다면 강력한 파괴력을 보일 것이다. 직속 상사가 그 사실을 알게 되면 부하에 대한 신뢰는 땅에 떨어질 것이 자명하다. "내가 그 친구에게 뭘 잘못했나? 그 직원은 내게 감정이 있나 보군." 이렇게 생각하거나 대놓고 자기를 무시한다고 여긴다. 신뢰 관계가 크게 약화할 수 있다.

다섯째, 상사에 대한 적대감을 품는다. 마음속 깊이 적대감을 가지면 자기도 모르게 겉으로 드러나게 된다. 어느 순간 말이나 행동으로 표출될 수 있고 상사도 부하직원의 마음을 이심전심으로 알게 된다.

여섯째, 상사가 같이 밥을 먹자고 하면 매번 이런저런 핑계로 거절한다. 상사와 그렇게까지 친하게 지낼 필요는 없다고 생각한다.

부하직원이 위의 행동을 골고루 구사하고 있다면 상사와 조만간 등을 돌릴 수 있다. 둘 중 한 명은 떠나야 하는 상황이 올 수도 있다.

만약 서로 갈라서는 사이가 된다면 상사는 어떤 행동을 취할까? 상사와 등지는 걸 각오하는 부하직원이라면 상사가 과연 어떤 부정적인 행동을 취할지 알아야 한다. 상사는 부하직원과 신뢰 관계가 약해졌다고 해서 공격적인 행동을 할 가능성은 적다. 부하직원 때문에 도드라지는 행동을 할 이유가 없고, 부하직원과 다투는 인상을 풍기는 것도 모양새가 빠진다. 그 대신 부하직원과 계약관계 수준의 인간관계만 유지하려 할 것이다. 주어진 업무만 시키고 부하에게 더 큰 역할 기대는 접는다. 권한 위임은 당연히 하지 않을 것이고, 각종 지원 활동들을 제공하지 않게 된다. 예를 들면 인적, 기술적 지원, 예산 지원, 업무 비결 제공 등이다. 해외 출장 기회나 교육 프로그램에서 배제될 가능성도 있다. 승진할 때가 다가오면 그 부하직원에게 문제가 생긴다. 업무 역량을 미처 갖추지 못했고 권한 위임도 안 되어 있기 때문이다. 승진에서 탈락하고 조직 개편이나 인사 이동 시 상사의 배려를 제대로 받지 못할 것이다.

대리 시절 겪었던 일이다. 직장 선배 중에 성실하고 책임감 강한 선배가 있었는데 치명적인 단점이 하나 있었다. 회식 자리에서 상사에게 입바른 소리를 하거나 막말을 하는 것이다. 뭐 틀린 말을 하는 건 아니다. 하지만 올바른 말도 폭력이 되고 상대방 가슴에 비수를 꽂는다. 상사는 그 자리에서는 그냥 쓸쓸하게 웃고 넘기지만 주변 사람들은 좌불안석이었다. 자연스러운 술자리 분위기를 핑계로 취한 김에 상사를 깔아뭉갠 것이다. 우리나라는 술에 대해서 무척 관대한 편이다. 술 취해서 저지른 실수는 어느 정도 눈 감아 준다. 하지만 선을 넘었다. 상사 자존심을 크게 건드린 회식 사건 이후 그 선배는 2년 내리 진급에서 탈락했다. 하필 인사철을 앞둔 연말 회식 자리에서 꼭 그런 일이 생겼다. 불만이 있어도 한 해를 마무리하는 연말 회식 자리에서 상사에게 수고하셨다고 덕담 한마디, 칭찬 한 번 했으면 얼마나 좋았을까?

상사와 부하직원 간 갈등 상황이 발생하면 회사(경영진)는 누구 편을 들까? 대부분 상사의 말에 무게가 실릴 것이다. 상사가 마음에 안 들더라도 그를 곤경에 빠뜨리는 모양새는 안 좋다. 감정을 관리할 수 있어야 한다. 물론 쉬운 일은 아니다. 나도 상사 앞에서 대책 없이 감정을 폭발시킨 적이 여러 번 있었다. 공자님은 40대는 불혹, 50대 지천명이라고 했다. 40이 넘어서 유혹에 빠지지 않고 50이 되어서 하늘의 뜻을 안다고 했는데 참 동의하기 어렵다. 요즘 40대는 '불혹'이 아니고 '유혹'이다. 체력과 감정이 한창 팔팔하다. 50대가 지천명이라고? 그 나이에 하늘의 뜻을 어떻게 안단 말인가? 50대에도 여전히 실수하고 나서 후회하는 일이 반복된다. 일하다 보면 상사와 충돌할 때가 많다. 서로 감정 상하지 않게 주의할 필요가 있다. 상사와 다른 의견을 제시할 때는 "제 의견이 틀릴 수도 있지만, 현재 상태에서는 ~ 이렇게 생각됩니다." 또는 "지난번 상사께서도 유사한 의견을 제시하신 바와 같이 ~ 건에 대해서는 이런 대안도 있습니다." 이렇게 해 보면 어떨까?

우리는 자기 자존심 상하는 것에는 민감하면서도 상사 자존심도 다칠 수 있다는 사실에는 둔감한 편이다. 부모나 배우자에게도 마찬가지다. 상대방 자존심이 우리 말 한마디에 상처 입을 때 눈치채지 못한다.

5장 | 디테일이 강하면 상사를 관리할 수 있다

"안녕하세요, 좋은 아침입니다." 출근하면서 활기차게 인사하는 직원은 힘 있어 보인다. 사무실 분위기도 밝아진다. 이런 직원은 상사가 보기에 왠지 일도 잘할 것 같다. 무뚝뚝한 얼굴로 마지못해 인사하는 직원을 볼 때는 기분이 상쾌하지 않다. 직장에서 매일 수많은 사람과 마주치는데 그때마다 칙칙한 분위기를 발산하면 이미지가 그렇게 굳어질 수 있다. 회사 생활에서 손해를 보게 된다. 바쁜 일상에서 우리는 내 표정이 타인에게 어떻게 비치는지 잘 생각해보지 않고 산다. 거울 한 번씩 보면서 자기 표정과 분위기를 느껴보자. 상사는 얼굴이 어둡고 어깨가 처져 있는 직원을 보면 "어디 건강이 안 좋은가?" 또는 "하는 일이 마음에 안 들거나 집안에 문제가 있는가?" 등 걱정을 하게 된다.

사소한 일로 상사에게 신뢰를 잃는 직원이 있다. 어떤 직원은 부정적인 신호를 보내는 사소한 행동을 반복적으로 한다. 본인 행동을 자신도 잘 모르고 있는 듯하다. 신뢰를 해치는 사소한 행동을 살펴보자.

첫째, 시간을 안 지키는 행동이다. 꼭 5분씩 늦는 사람이 있다. 출근 시간 5분 늦는 건 심각한 지각이 아니라고 생각할 수 있지만, 상사가 볼 때는 그렇지 않다. 매사에 정확하지 않은 사람으로 인식될 수 있다. 회의 시간에 조금씩 늦는 행동도 신뢰를 떨어뜨린다. 상대방 시간도 소중하다. 매번 다른 사람을 기다리게 하는 행동은 이기적으로 보이며 상대방은 무시당하고 있다고 생각한다.

둘째, 상사가 회의 소집했는데 빈손으로 회의실에 들어오는 직원이 있다. 수첩과 필기구를 가지고 들어가야 한다. 토의 내용과 아이디어가 오갈 때 다 외울 것인가? 상사에게 잘 보이기 위해서가 아니라 회의 사항을 메모하고 정리하는 사람이 일도 잘할 것이다. 상사가 1주일 후 그 일 어떻게 되었냐고 물을 때 횡설수설한다면 부하직원에 대한 신뢰감이 떨어지게 된다.

셋째, 오늘 내가 할 일은 다 마쳤다. 그런데 상사와 동료들이 급한 일 처리 때문에 퇴근을 못 하고 있다. 이럴 때 나는 칼퇴근해도 되는 걸까? 요즘 워라밸 문화 확산과 주 52시간 근무제 시행으로 눈치를 안 보고 퇴근하는 문화가 정착되고 있다. 상사들이 오히려 부하직원에게 정시 퇴근을 독려하기도 한다. 대기업에서는 주 40시간 초과 근무자가 많은 부서의 경우, 인사 평가 시 부서장에게 감점을 주는 제도도 있다고 한다. 그렇지만 동료들이 급한 일로 퇴근을 못 하고 있다면 혹시 도울 일은 없는지 물어보고 나서 퇴근하는 모습을 보이면 어떨까? 부서원으로서 동료의식을 보여주는 태도에 모두 마음이 훈훈해질 것이다.

넷째, 업무 외적으로 회사 비용을 지출하거나 신용카드를 사용하지 말아야 한다. 금액의 과소를 떠나서 상사가 의심하게 되고 보기에 안 좋다. 회사 자산과 비품은 업무적인 용도로만 사용해야 한다.

다섯째, 상사가 보낸 이메일이나 문자 메시지에 답신하지 않는 행동은 상사를 기분 나쁘게 한다. 부하직원 관점에서 답신을 굳이 안 해도 되는 상황도 있다. 하지만 상사가 그런 의도를 이해해주면 다행인데 어떤 상사는 부하직원이 자기 이메일을 뭉갠다고 오해할 수 있다. 간단한 응답 메시지라도 보내는 것이 좋다.

여섯째, 회사에는 사규가 있다. 사규에는 각종 인사 규정, 품의 절차와 방법, 문서 보안, 정보 보안, 복리 후생과 출장 규정 등이 있다. 이러한 회사 규정을 소홀히 하거나 무시하는 태도를 보이지 말자. 조직의 규칙을 따르는 모습은 안정감과 신뢰를 준다. 유능한 직원 중에는 회사 규정을 번거롭고 불합리한 절차로 치부하면서 소홀히 하는 태도를 보이는 사람도 있다. 올바른 자세가 아니다. 불합리한 사규가 있다면 일단 규정은 준수하면서 개선 방안이나 대안을 제안하는 모습이 바람직하다.

상사를 실망하게 하는 부하직원의 사소한 행동에 대해 살펴봤다. 이런 행동들은 조금만 신경 쓰면 개선이 가능하다. 실천하기 어려운 일도 아니다. 상사의 신뢰를 갉아 먹는 행동을 하고 있지는 않은지 한번 뒤돌아보자.

1) 밝게 인사하기

2) 출근 시간/회의 시간 잘 지키기

3) 회의할 때 수첩/필기구 지참하기

4) 야근하는 동료에게 도울 일 없는지 물어보기

5) 회사 자산/비용은 업무 용도로만 사용하기

6) 이메일/문자 메시지에 답신하기

7) 사규 준수하기

일 잘하는 직원과 못하는 직원의 능력 차이는 얼마나 될까? 사원 시절에는 직원 간 능력 차가 크게 없다. 학교를 졸업하고 입사한 신입사원들은 전공이나 스펙에서 약간의 차이가 있겠지만 업무 역량에서는 큰 차이가 없다. 어차피 회사가 필요로 하는 능력과 스킬을 충분히 배우고 오지는 않기 때문이다. 하지만 회사 생활을 하면서 직원 간 능력 차이가 벌어지게 된다. 어떤 직원은 회사로부터 인정받고 어떤 직원은 쉽게 인정을 못 받는다. 그 차이는 상당 부분 개인이 어떤 마음을 먹고 일하는가에 달린 것 같다. 열의를 가지고 회사 일을 마주하는 사람, 자기 업무 분야에서 전문가가 되겠다는 생각으로 일하는 태도, 이것이 일 잘하는 사람과 못하는 사람을 가르는 출발점이다.

왜 나는 성실하게 열심히 일하고 있는데 인정을 못 받을까? 실제 대부분 직장인은 성실하다. 적극적 태도도 보유하고 있다. 문제는 종이 한 장 차이가 존재한다는 것이다. 한 번만 더 생각하고 한 발짝 더 나아가야 한다. 혼자 열심히 일하기보다 상사의 의도와 요구를 파악하면서 일해야 한다. 또한 "이 정도면 됐어."라는 생각으로 일을 마무리하려는 순간, 한 번 더 생각하고 조금 더 해보는 열의가 필요하다. 예를 들면 이런 것들이다.

첫째, 상사의 의도를 파악한다. 일하는 목적이 무엇인지, 어느 수준까지 업무를 처리해야 하는지 먼저 체크한다. 의도를 알게 되면 엉뚱한 방향으로 일 처리하는 실수를 방지할 수 있다. 계획도 쉽게 짤 수 있다. 잊지 말자. 일을 잘하는지, 못하는지의 판단은 내가 하는 것이 아니라 상사가 하는 것이다.

둘째, "이 정도면 됐어."에서 한 걸음만 더 나아간다. 상사에게 보고할 자료가 마무리됐다면 급하게 보고하지 말고 한 번 더 살펴보자. 급하게 보고해야 한다면 구두나 약식 문서로 중간 보고를 하여 상사의 조급증을 없애 준다. 최종 보고를 할 때는 미진한 부분은 없는지 점검하고 조금 부족하다면 전문가 의견을 들어본다든지, 자료 조사를 더 해볼 수도 있다. 마무리 단계에서 직원의 업무 이해도가 극대화되기 때문에 이때 보완을 가하면 창의적이고 뛰어난 보고서가 탄생한다. 상사의 취향에 맞춰 보고서를 꾸미는 것도 중요하다. 상사가 수치나 사례, 벤치마킹에 민감한 스타일이라면 그에 부응하도록 보고서를 작성한다. 상사가 원하는 결재를 쉽게 받을 수 있다.

셋째, 중요하고 어려운 일부터 먼저 처리한다. 우선순위를 정하고 한 가지씩 일을 끝내야 한다. 이것 조금, 저것 조금 건드리는 식으로 일을 하는 건 최악이다. 성과가 나지 않는다. 중요한 업무들은 보통 어렵고 힘든 일이 많고, 동료나 타 부서와 협업이 요구되기도 한다. 협업해야 하는 일이 섞여 있으면 일정 관리가 내 뜻대로 안 된다. 다른 사람들이 내 의도대로 따라주지 않기 때문이다. 미리미리 일에 착수해야 하는 이유다. 물론 덜 중요하지만 급한 일, 즉 상사 이메일에 답신하기나 발주처 전화 응대하기 같은 일은 즉시 해야 한다. 그 외에는 반드시 우선순위가 높고 중요한 일을 먼저 해야 한다. 쉬운 일을 먼저 하고 나서 중요한 일을 하려다 보면 정작 중요한 일을 마감 일정에 못 맞추는 불상사가 발생한다.

마지막으로 지속적인 훈련이 중요하다. 회사 업무를 통해 전문가로 거듭나기 위해서는 반복적인 훈련을 해야 한다. 직장인들이 일을 2~3년 정도 하여 업무를 좀 알게 되면 전문가가 되었다고 착각하는 경우가 있다. 차별화된 역량을 키우기 위해서는 좀 더 지속적인 훈련이 필요하다. 일식집에서 회칼 잡은 지 2년 된 사람이 초밥 전문가가 되었다고 초밥 가게를 개점하면 어떻게 되겠는가? 20년 이상 경력자들이 즐비한 시장에서. 전문가가 되려면 최소 5년 이상 생선 손질하고 초밥을 쥐어봐야 하지 않을까?

대리 시절 얘기다. 내가 속한 부서는 신사업 추진 여부를 결정하는 투자심의위원회 업무를 담당했고, 나와 직속 상사인 과장이 실무를 수행했다. 위원회에서는 각 사업 부서가 올린 신사업 추진(안)을 검토하고 추진 여부를 결정했다. 대표이사가 위원장을 맡고 관리 임원과 몇몇 사업 부문 임원들이 위원으로 의결에 참여했다. 나는 각 사업 부문에서 만든 사업 계획 자료들을 검토하고 보완해 주는 역할을 했다. 확정된 사업 계획서에 대해 우리 부서는 제삼자적 입장에서 검토 의견서를 위원회에 제출했다. 위원회가 개최되면 열띤 토론이 벌어졌다. 신사업을 추진하려는 부서장은 왜 이 사업을 해야만 하는지 열변을 토했고, 우리 부서장은 사업의 장, 단점과 추진 시 위험성, 예상 수익성에 대해 발표했다. 위원들이 질문하고 토론을 거쳐서 당일 투자 여부가 결판났다.

내가 놀란 건 위원들의 통찰력이었다. 현장 경험이 풍부한 임원들은 두꺼운 사업 계획서를 다 읽지 않아도 사업 성패를 가르는 핵심을 짚어냈다. 예를 들면 "그 정도 규모의 공장에 그 아이템이면 원가율은 몇 % 이하를 유지해야 하고, 수율은 몇 %, 재고 회전율은 3회전이 되어야 사업이 가능할 것 같네요. 그게 가능하겠습니까?" 이런 식이다. 신사업을 추진하려는 부서장은 얼굴이 벌게지곤 했다. 오금이 저리는 상태가 된다. 〈골목 식당〉이라는 TV 프로그램을 재미있게 보는데 이런 장면이 나온다. 젊은 사장이 돈가스 튀기는 법을 몇 개월 배운 후 식당을 운영하고 있다. 전문가 포스를 풍기면서 골목에서 등장한 백 선생은 가게를 한번 둘러보고 주방까지 뒤진다. 그리고 메뉴판에서 직접 주메뉴를 주문하여 시식한다. 그다음 장면은 여러분도 짐작하시리라. 젊은 사장이 백 선생에게 영혼이 털리게 지적받고 혼나면서 처음부터 다시 일을 배운다. '사업 감각과 통찰력'은 1~2년 해서 얻어지지 않는다. 오랜 반복 연습과 현장 훈련을 통해 체득된다.

상사에게 인정받기 위한 종이 한 장 차이 태도에 대해서 살펴봤다. 한 번만 더 생각하고 한 발짝만 더 나아가자. 처음의 작은 차이가 나중에 큰 차이로 돌아온다.

여러분께서는 열심히 이 책 후반부까지 달려왔다. 여기쯤 오면 2장에서 설명한 '상사 관리' 프로세스와 실천 팁들이 가물가물해질 것이다. 상사에게 인정받기 위한 핵심 프로세스를 다시 떠올려보자. 상사에게 인정받기 위해서는 상사를 만족시켜야 한다. 상사는 우리의 소중한 VIP 고객이다.

상사를 만족시키려면 먼저 그가 무엇을 필요로 하는지 알아야 한다. 상사의 개인적인 특질과 업무 스타일에 대해서 파악하고, 상사에게 영향을 미치는 회사 내/외부 상황(환경 요인)을 살펴본다.

이런 정보들을 토대로 그가 지금 가장 필요로 하는 것이 무엇인지 파악한다. 그가 가장 우선순위를 두고 있는 일과 아쉬워하거나 힘들어하는 일은 무엇인지 살핀다.

여러분 동료들은 이런 걸 시도할 생각조차 안 하고 있다. 시도하는 것만으로도 여러분은 동료보다 앞서가게 된다. 간혹 선천적으로 타고난 감각을 가지고 상사 니즈를 꿰뚫는 안목을 가진 사람들도 있다. 나를 포함해 센스 없는 보통 사람들은 약간의 의도적인 훈련을 통해

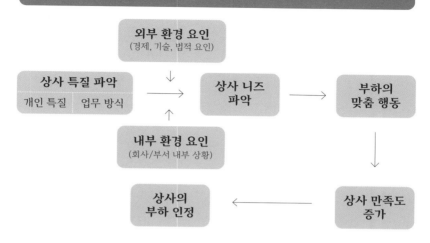

부하직원의 상사 관리 프로세스 The Process of Boss Management

외부 환경 요인
(경제, 기술, 법적 요인)

상사 특질 파악

개인 특질 | 업무 방식

상사 니즈
파악

부하의
맞춤 행동

내부 환경 요인
(회사/부서 내부 상황)

상사의
부하 인정

상사 만족도
증가

감각을 깨워내야 한다. 근육과 두뇌는 나이가 들어도 의식적인 훈련을 가하면 놀라울 정도로 성능이 향상된다.

2장에서 상사의 개인적인 특질과 업무 방식을 파악하기 위한 '대외비 메모장' 양식을 보여드렸다. 메모장을 참고하여 상사를 관찰하고 파악된 내용을 직접 적어보면 큰 도움이 될 것이다.

상사의 니즈를 잘 파악하기 위해서는 그의 개인적인 특질과 업무 방식 파악에 더하여 회사의 내부, 그리고 외부 상황을 이해해야 한다. 상사의 요구가 무엇인지 어떻게 알 수 있을까? 회사 내부 상황이란 예를 들면 회사와 부서의 연간 사업 계획과 경영진 방침, 회사 재무 상태 같은 것들이다. 회사 연간 사업 계획과 주간/월간 업무 회의를 토대로 상사 니즈를 유추해볼 수 있다. 회의에서 매출과 수익 목표 달성을 강조하고 있다면 그것이 최우선 순위일 것이다. 상반기 중 경력 사원 충원 또는 해외 시장 진입에 목을 매달고 있을 수도 있다. 상사의 개인적인 니즈로는 아들의 고등학교 진학, 부동산 투자, 건강 문제가 이슈일 수 있다. 상사를 집중적으로 관찰하자. 상사와 함께 지방 출장을 다녀오거나 식사를 같이하면 가정사와 건강 문제에 관해 얘기를 나눌 수도 있다.

상사 요구가 파악됐다면 가려운 곳을 긁어주는 행동만 하면 된다. 상사 니즈가 베트남 시장에 진입하는 것이라면 당신은 다른 업무보다도 이와 관련된 일에 에너지를 쏟아야 한다. 그가 온통 베트남 생각뿐인데 국내 신재생 에너지 사업에 대한 조사 보고서를 제출해보라. 상사는 크게 관심을 안 보일 것이다. 당신에 대한 성과 평가에도 인색할 수 있다. 만약 그가 대사증후군으로 걱정하고 있다면 건강보조제 정보를 알려주거나 회사 인근의 전문병원을 소개할 수 있다.

상사가 특정 회의에 참석하기 싫어하거나 꺼리는 일도 있다. 그럴 때는 당신이 그 회의에 대신 참석하겠다고 말하라. 회의에 참석한 후 상사에게 결과 보고를 간단히 한다. 상사가 당신에게 의존하기 시작할 것이다. 부하직원이 일을 안 하면서 상사를 만족시키는 때도 있다. 예를 들면 상사가 새로운 걸 추구하지 않으려는 보수적 유형일 수 있다. 이럴 때 상사에게 새로운 사업거리를 자꾸 가져가면 상사는 이런저런 핑계를 대면서 회피할지 모른다. 그럴 때는 여유를 가지고 기다리는 것이 바람직하다.

상사에게 필요한 것을 제공하고 도와주는 행동을 어려워하는 사람들도 있다. 이런 분들은 조직에서 '상사 관리' 잘하는 동료나 후배를 관찰해보고 그들의 유연한 행동을 따라해보는 것도 방법이다. 후배도 멘토가 될 수 있다.

회사마다 미션^{Mission}, 비전^{Vision}, 핵심 가치^{Core Values} 같은 강령들이 있는데 이를 들여다보면 '고객 만족'에 대한 내용은 항상 포함돼 있다. 우리 회사는 핵심 가치 6개 중 하나가 '고객 감동'이다. 이처럼 회사들이 성공을 위해 '고객 만족'을 추구한다면 개인 단위에서는 성공을 위해 '상사 만족'을 추구해야 한다. '상사 관리'는 '상사 만족'을 통해 달성된다.

'상사 관리'란 부하직원이 상사로부터 신뢰를 얻고 인정을 받기 위하여 취하는 선제적 행동으로서 상사의 특질과 니즈를 이해하고 이를 기반으로 상사에게 적시에 필요한 니즈를 충족시켜주는 행동이다.

문화체육관광부는 2019년 만 19세 이상 성인 6,000명을 대상으로 한 '2019년 국민 독서실태 조사' 결과를 발표했다. 1년간 성인이 읽은 종이책 독서량은 6.1권으로 2017년에 비해 2.2권 줄어든 것으로 나타났다. 연간 독서량은 1년간 읽은 일반 도서 권수다. 1년간 책을 한 권도 안 읽은 사람은 전체 성인의 거의 절반에 달했다. 놀라운 수치다. 책을 읽은 사람도 연간 평균 6.1권으로 작은 편이고 매년 그 수치가 떨어지고 있다. 일부는 전자책으로 넘어가기도 하고 동영상 콘텐츠에 시간을 더 쓴다는 조사 결과다. 듣기 거북한 얘기일 수 있지만, 일본에서 지하철 타보면 책 읽는 사람이 우리나라보다 훨씬 많음을 느낄 수 있다. 먹고 사는 문제를 어느 정도 해결한 우리나라가 이제 경제 선진국만 외칠 게 아니라 문화 선진국, 높은 삶의 질과 문화를 누리는 나라가 됐으면 좋겠다.

과장 시절, 함께 일하던 부장은 독서광이었다. 책상 위에는 읽고 있던 책들이 항상 펼쳐져 있었고, 한쪽 귀퉁이에는 신간이 몇 권씩 쌓여 있었다. 경영기획 업무를 담당했던 부장은 아웃소싱 개념이 유행하기 시작하면 아웃소싱과 관련된 책을, 리엔지니어링 개념이 미국에서 전파되기 시작하면 그와 관련된 책을 읽는 식이었다. 인문학 서적도 즐겨 읽었다. 내가 독서의 필요성을 느끼고 자극받은 것도 이 상사 덕분이다. 부장의 탐독은 부서 회의나 임원 회의를 할 때 진가가 드러났다. 신선한 기획 아이디어나 경영 화두를 부하직원들과 경영진에 던졌다. 회사에서는 기획력 있고 능력 있는 부서장으로 인정받았고 임원 승진도 빨리했다. 임원 회의에서 최신 지식으로 무장한 그의 말은 설득력이 있었다. 직장인의 독서는 업무 아이디어를 제공해주는 조력자가 될 수 있다. 직장인으로서 성능이 좋은 비밀병기를 얻는 것이고, 나만의 참모를 한 명 고용하는 것이다. 큰돈 안 들고 얼마나 좋은가? 필요해서 하는 독서는 잘 읽힌다. 나도 생각이 바뀌기 시작했다. 이전에는 "석사까지 공부했는데 직장 생활을 하면서 열심히 책을 읽을 필요가 있을까?" 하는 생각이 은연중 지배했다.

교양 도서나 자기계발서를 읽다가 우연히 힘을 얻거나 삶을 돌아보는 계시를 받기도 한다. 이런 경험 해본 사람은 독서의 중요성을 안다. 독서하지 말라고 해도 할 것이다. 지식 정보화 사회, 100세 시대를 맞이해 성공적인 직장인으로 살아가기 위해서는 지속적인 학습과 독서가 더욱 중요해진다. 신체 건강을 위해 먹는 비타민처럼 프로 직업인이 되기 위해 꾸준한 책 읽기를 권한다. 부하직원으로서 상사를 능가하는 전문성과 기획력을 갖추기 위해서 옆에 유능한 참모를 두는 것이다.

사회인이 되어 책을 읽으면 학생 때보다 훨씬 이해 속도가 빨라지고 공감력이 향상된다. 삶의 경험이 축적되어 있기 때문이다. 책 읽는 속도도 빨라지게 된다. 같은 비타민을 복용해도 소화 흡수력이 훨씬 좋아지는 것이다. 학생 때 읽었던 책을 한 번 다시 읽어보라. 완전 새로울 것이다. 책 읽는 직장인은 독서 안 하는 동료에 비해 큰 혜택을 누릴 것이다.

일이 손에 안 잡히고 짜증 나는 날 억지로 일하지 말고 잠시 책을 읽어보자. 마음이 진정되고 집중력이 생기는 걸 경험한다. 다시 일할 힘을 얻는다. 밤에 불면증으로 고생하거나 신경이 날카로워질 때 술을 찾기보다는 책을 펴고 읽어보자. 마음이 편안해진다.

책은 마음 건강을 유지해주는 종합 비타민이고 삶의 실마리를 제공해주는 영양제다. 책에 투자하자. 큰돈 드는 것도 아니고 업무 목적에 따라서 회사 비용으로 살 수도 있다. 근무 환경이 좋은 직장인은 회사 도서관을 자유로이 이용할 수 있다.

제대로 학습된 지식은 현실에 적용하거나 우리 삶을 바꾸는 데 큰 도움을 준다. 지식을 습득하면서 자신의 경험과 버무려서 바로 암묵지로 만들어나가면 지혜를 쌓는 데 유리하다. 암묵지의 사전적 의미는 학습과 경험을 통해 개인에게 체화되어 있지만, 겉으로 드러나지 않는 지식을 말한다. 반대되는 개념은 형식지인데 문서 등에 의해 표출되는 형식적 지식을 말한다. 어떤 깨달음을 내가 다른 사람에게 이해하기 쉽게 가르쳐 줄 수 있다면 암묵지다. 남에게 제대로 설명할 수 없다면 그 지식은 그저 책에서 읽은 활자 정보, 즉 형식지다.

직장인의 독서는 목적성을 가지고 있다. 지식이 형식지에 그치지 않고 암묵지로 전환되도록 해야 한다. 약간의 요령이 필요하다. 중요한 부분마다 흔적을 남겨 둬야 나중에 활용하기 쉽다. 책을 읽으면서 중요 부분이나 감동한 페이지, 나중에 다시 봐야 할 부분은 밑줄 치고 페이지 상단 귀퉁이를 접어두는 방법이다. 책을 읽다가 의견이나 아이디어가 떠오를 때는 여백에 적어둔다. 이렇게 하면 그 내용에 대한 기억이 오래간다. 보통 책 읽고 나서 책장을 덮는 순간 대부분 내용을 잊어버리게 된다. 이런 경험도 있다. 관심 가는 책 제목이 눈에 띄어서 '이런 책이 여기 있었군, 왜 아직껏 안 읽었을까?' 하면서 서가에서 꺼내 펼쳐보면 과거에 읽었던 책이다. 심지어 여기저기 정성껏 밑줄도 쳐져 있다. 치매인가? 이렇게 기억이 안 나다니. 독서 프로들은 이런 문제를 해결하기 위해 책을 읽고 나면 A4 1~2장 정도로 읽은 책 내용을 정리한다고 한다. 그러면 자기 지식으로 소화되고 오랫동안 기억에 남는다고 한다.

책 읽기는 목적에 따라서 크게 세 가지로 나눠 볼 수 있다. 첫째, 회사 업무와 관련된 전문 도서, 기술 서적을 읽는 것이다. 둘째, 직장인을 위한 리더십과 커뮤니케이션 관련 도서, 자기계발서 읽기다. 셋째는 삶을 위로해주는 도서, 교양, 소설, 시 등을 읽는 것이다. 꼭 특정한 목적이나 분야에 얽매일 필요는 없고 손길이 가는 책을 읽는 것도 좋다. 시간을 내어 대형 서점을 방문하거나 동네 서점을 둘러보면 어떨까? 요즘은 온라인 서점에서 다양한 책과 도서 정보를 쉽게 접하고 바로 주문할 수 있어 너무 편리하다. 하지만 서점에 가서 진열된 책들 사이를 돌아다니는 것도 재미가 쏠쏠하다.

'바쁘다 바빠.', '일이 너무 많아 죽겠다.'라는 말을 입에 달고 다니는 사람이 많다. 항상 분주한데 성과는 안 오른다. 뭐가 문제일까? 업무 처리 방식에 문제가 있을 수도 있고, 정말 일이 많아서 통제가 안 되는 것일 수도 있다. 이를 해결하기 위해서는 '선택과 집중'이 필요하다. 주어진 시간은 한정되어 있는데 하루에 여러 가지 일을 완수해야 한다. 선택과 집중만이 답이다.

가장 우선순위가 높고 중요한 일을 해야 할 때 많은 사람이 곁가지 일을 한다. 지엽말단적인 이런저런 일에 신경 쓰면서 "나는 오늘도 열심히 살았어."라고 생각한다. 자기최면이다. 오늘 바쁘게 한 일들이 나와 조직에 성과를 가져다주는 일들인가?, 내 인생을 발전해줄 중요한 일을 한 것인가? 변죽만 울리는 일에 시간을 빼앗기지 말아야 한다. 그런 일은 과감하게 줄여보자. 가장 중요한 한 가지 일에 몰두하자.

우리는 어려운 일을 무의식중에 회피하는 경향이 있다. 고등학생 시절, 수학 공부를 시작해야 하는데 다른 책들을 뒤적거리고, 책상 정리하고는 결국 수학 공부 못했던 기억이 있다. 그러다 이번에는 정말 수학책을 펼쳤는데 갑자기 모기가 귓가에서 앵앵거린다. 모기 잡는데 또 시간을 보낸다. 다시 의자에 앉으면 저녁 먹을 시간 되었다고 어머니가 부른다.

가장 어렵고 힘든 일, 하지만 파괴력이 크고 중요한 일을 먼저 처리하는 습관이 몸에 베도록 하자. 한편 덜 중요한 일, 긴급하지만 우선순위가 떨어지는 일은 꼭 내가 처리해야 하는지 반문해보자. 외부 업체에 외주를 주거나(나보다 훨씬 잘할 수 있다. 적정 가격에), 부하에게 위임하는 방법, 또는 일정을 지연하는 방법도 있지 않을까? 우리는 정말 중요한 일에서 성과를 내야 한다.

부지런한 사람 중에 여러 가지 일을 동시에 하는 걸 즐기면서 자기를 멀티 플레이어라고 지칭하는 사람들이 있다. 멀티태스킹 능력을 대견해 한다. 게리 캘러의 『원씽The One Thing』이라는 책에서는 '멀티태스킹'에 대한 사람들의 착각에 대해 말하고 있다. '멀티태스킹'을 잘하는 사람은 능력이 있다고 생각해 왔는데 전혀 그렇지 않다는 연구 결과다. 262명의 학생을 멀티태스킹 잘하는 그룹과 못하는 그룹으로 나누고 자주 멀티태스킹 하는 사람들이 더 좋은 결과를 내리라는 가정으로 실험을 했다. 하지만 반대 결과가 나왔다. 멀티태스커들은 그저 모든 일에 엉망인 것으로 드러났다. 게리 켈러는 "여러 가지 일을 다 한다는 것은, 한 개도 제대로 하지 못하는 것과 같다!"라고 말한다. 우리에게 주어진 시간과 에너지는 한정되어 있다. 더 큰 효과를 얻고 싶다면 일의 가짓수를 줄여야 한다. 한 번에 너무 많은 일을 하려다 보면 마감 기한을 수시로 놓치게 되고, 깔끔하게 마무리되는 일도 없

꼴 보기 싫은 상사와 그럭저럭 잘 지내는 법

고, 성과는 안 나는 데 힘은 더 든다. 스트레스는 높아지고 정신은 산만해진다.

자기계발을 할 때도 마찬가지다. 여러 목표를 만지작거리다 한 가지도 이루지 못하고 해를 넘기기 일쑤다. 이제 이런 악순환의 고리를 끊어내자. 먼저 어떻게 내 전문성과 역량을 키워나갈지 계획을 세운다. 계획에는 장기 계획과 단기 계획이 있을 수 있다. 장기 계획으로 큰 자기계발의 줄기와 방향성을 잡는다. 그다음 세부 실천 계획이라고 할 수 있는 단기 계획을 수립한다. 계획이 세워졌다면 이제 실행해야 하는데 꼭 염두에 둘 포인트는 한 가지 일에 집중하자는 것이다. 동시다발로 하게 되면 집중력도 잃게 되고 금방 지친다. 한 가지도 제대로 성취하지 못하니 지레 포기하거나 좌절하게 된다. 한 가지 목표에 대해 매일 꾸준히 밀고 나가는 자세가 중요하다. 한 가지 목표를 물고 늘어지면 목표 달성 확률이 훨씬 높아진다. 오죽하면 한 우물을 파라는 속담이 있을까?

한 가지 목표를 달성하게 되면 자신감이 배가되어 그다음 목표를 위해 또 나아가게 된다. 자기효능감self-efficacy이 높아지는 것이다. 1년 이내 토익 900점 이상을 목표로 했다면 그 기간에는 토익 공부에만 매진하는 게 좋다.

워런 버핏의 전용기를 10년간 몰았던 조종사 마이클 플린트가 워런 버핏과 나눈 대화 얘기다. 워런 버핏은 마이클에게 인생의 성공을 위해서 하고 싶은 일, 이루고 싶은 목표 25개를 적어보라고 했다. 마이

클이 목록을 모두 완성하자 워런은 그중에서 가장 중요한 5개만 선택하고 나머지는 모두 잊어버리라고 조언했다(TTimes). 우선순위가 높은 일만 선택하여 달성할 때까지 거기에만 신경 쓰라는 충고였다.

내가 하고 싶은 일과 내가 해야만 하는 일에 대해서도 착각하면 곤란하다. 우리는 종종 꼭 해야만 하는 일을 하지 않고 내가 하고 싶은 일을 하는 경향이 있다. 오늘부터는 회사에서 정말 중요한 일과 인생에 결정적인 영향을 미치는 일을 먼저 하자. 중요치 않은 일들을 찾아서 내다 버리자. 분명 내 삶의 질을 향상하고 자기효능감을 끌어 올려 줄 것이다.

개인이 창업할 때도 마찬가지다. 기업인이자 요리연구가인 백종원의 〈골목 식당〉 프로그램에 이런 장면이 있었다. 가게 사장님인 아주머니는 음식 솜씨 있고 경험 많은 분이었는데 팥죽과 팥칼국수, 수제비 등을 메뉴로 하고 있었다. 백 선생은 팥죽이나 팥칼국수 외에 수제비, 잔치국수같이 메뉴가 너무 많은 걸 보고는 가장 잘하는 메뉴 한두 가지만 하도록 추천했다. 너무 많은 메뉴를 하다 보니 전문성이 떨어지고 일관된 맛을 관리할 수 없었다. 재고 관리도 제대로 안 되고 주문한 손님들은 오래 기다리기 일쑤였다. 메뉴를 줄인 후 주방이 효율적으로 운용됐고, 고객 대기시간이 줄면서 매상은 더 오르게 됐다.

여러분 주변에 엄청 바쁘고 정신없는 동료들이 있을 것이다. 그들이 상사나 회사로부터 인정받고 있는가? 아마 아닐 것이다. 오늘부터 덜 중요한 일은 좀 내다 버리자.

직장인들이 무서워하고 싫어하는 게 하나 있다. 바로 월요일이 다가 오는 것이다. 일요일 저녁, 시간이 월요일을 향해 달려가면 무거운 마음이 가슴을 짓누르기 시작한다. 월요병이다. 일종의 스트레스인데 일 잘하는 직장인들도 예외는 아니다. 즐거웠던 주말도 서서히 땅거미가 지기 시작하면 우리 집에서는 여기저기 한숨 소리가 들린다. 월요일에 출근하기 싫다는 아들과 딸의 몸부림이다.

직급이 올라가고 나이가 들면서 월요일 출근이 젊은 시절처럼 큰 부담으로 다가오지는 않는다. 하지만 사원, 대리 시절엔 정말 가슴을 묵직하게 조여 오곤 했다. 출근하면 등 뒤로 상사들이 층층 시야 앉아 있었다. 업무는 소소한 것부터 굵직한 것까지 B59가 공중에서 폭탄 투하하듯이 떨어졌다. 동료들도 따뜻한 동기 의식보다는 경쟁 대상으로 여겨지는 사내 분위기가 강했다. 일을 잘 처리하고도 옆 동료보다 빠르게 처리하지 못하면 괜히 불안했다. 회사는 상, 하반기로 나눠 직원들을 평가하고 부서별로 1~2명씩 뽑아서 가점 1점을 더 주었다. 원래 1년에 2호봉씩 올라가는데 이렇게 선발된 직원은 한 해에 3호봉이 올랐다. 그러면 연봉도 올라가고 진급도 빨라질 수 있었다. 그러니 동료 간 눈에 보이지 않는 경쟁이 치열했다. 회사 생활은 공동

체라기보다 가열찬 삶의 현장이고 밤이 되면 탈진 상태로 적절한 퇴근 타이밍을 재던 곳이다. 주말에 신나게 놀거나 집안일 좀 돕다 보면 금방 일요일 저녁이 되었다. 어린아이들 키울 때는 일요일이 더 바쁘고 정신없이 지나갔다. 그러다 숨 막히는 회사로 출근해야 한다는 깨달음은 먹먹한 심정을 불러일으켰다. 이렇게 평생 살아야 하나? 일요일 밤부터 갑자기 해야 할 일들이 머릿속에 맴돌고 상사 얼굴이 클로즈업되면서 나타났다 사라진다. 괜한 걱정거리들도 불쑥불쑥 생각난다. 그렇게 잠을 설치다 월요일 아침에 일어나면 몸은 천근만근이다. 주말에 술까지 마신다면 최악이다.

이런 상태로 스트레스가 쌓이면 일하기 싫어지고 회사에서 업무 능률도 떨어진다. 예민한 직장인은 우울증에 걸릴 수도 있다. 아마 책임감 강한 사람들이 더 잘 걸리지 않을까 싶다. 이런 상태를 피하려면 어떻게 해야 할까? 일요일 저녁을 여유 있게 보내고 월요일을 활기차게 맞이하는 방법은 뭘까? 모든 스트레스와 걱정거리를 한 방에 날려버릴 수는 없겠지만 마음먹기에 따라서 크게 완화할 수 있다. 해결의 실마리는 나 자신에게 있다.

첫째, 중요하면서도 급한 일은 될 수 있는 대로 금요일 퇴근 전까지 처리한다. 중요하면서도 급한 일을 금요일 퇴근 때까지 마무리하지 않고 주말을 보내면 마음이 불편해진다. 더구나 그 일의 마감 시한이 다음 주 월요일이나 화요일까지라면? 주말에 쉬면서도 불안, 초조하게 마련이다. 일하지도 않으면서 일의 노예가 되어 버린다. 그런 일은 주말 전에 마무리해버리자. 업무량이 많을 때는 토요일을 할애해야 할 수도 있다. 짜증 나는 상황이지만 일요일까지 걱정거리를 끌어안고 가면 괜히 가족들 앞에서 신경질 낼 수도 있다. 토요일에 일 처리를 끝내자.

둘째, 가족과 주말 시간을 보낸다. 가족이란 가끔 만나는 친구처럼 격한 즐거움을 주지는 않지만, 마음을 편하게 해주고 쉴 수 있게 해준다. 힘든 일이 있을 때 마음의 위로와 휴식을 얻을 수 있다. 밖에서 친구들과 떠들썩한 시간을 보내고 들어오면 스트레스가 좀 풀리기는 한다. 하지만 가족들과 같이 동네 영화관에서 영화를 보고 점심을 먹는 시간도 좋다.

셋째, 취미 활동을 개발한다. 좋아하는 운동이나 독서, 영화 보기 같이 몸과 마음을 몰입할 수 있는 취미를 발굴한다. 등산이나 산책이 될 수도 있고 주말 농장 가꾸기가 될 수도 있다. 온라인 게임이나 유튜브 동영상 보기, 이런 거보다는 몸을 쓰는 활동이 좋겠다. 이런 활동을 통해 걱정거리가 머리를 점령하지 않게 한다. 행복한 삶을 살기 위해서는 취미를 많이 가진 사람이 훨씬 유리한 것 같다. 독서는 잡념을 없애고 뿌듯한 마음을 갖게 한다. 정신 건강에 특효약이 아닐까? 잠이 안 올 때 수면제로도 좋다. 운동을 좋아하는 나는 요즘 코로나19때문에 실내 운동 시설을 피하게 되면서 등산을 종종 하고 있다.

넷째, 일요일 저녁에 술이나 카페인 음료를 마시지 않는다. 술을 마시다 보면 자제를 못하게 되어 애초 생각보다 많이 마시는 일이 발생한다. 시원한 맥주 한 잔이 그립다면 토요일 저녁이 좋겠다. 일요일 저녁 음주로 다음날 숙취가 온다면 고생을 하게 된다. 안 그래도 업무 부담이 가중되는 월요일을 나쁜 몸 상태로 맞이해야 한다. 프로 권투 선수는 최상의 몸 상태로 링에 올라간다. 프로 직장인인 우리도 가뿐한 몸 상태로 월요일에 출근해보자. 일요일 밤에는 숙면해야 하므로 카페인 음료를 마시지 않도록 주의하자. 잠이 잘 안 올 때는 따뜻한 물로 샤워를 하고 우유를 한 잔 마시면 잠이 잘 온다고 한다. 각성을 일으키는 야간의 과도한 운동이나 스마트폰 불빛은 피하는 게 좋다고 한다.

월요일 아침에 가벼운 발걸음으로 출근하면서 '오늘은 일이 잘 풀릴 거야.', '오늘은 뭐든 잘 해낼 수 있어.' 라고 자신에게 반복해서 말을 건네보자. 긍정 기운이 내 몸을 감싸면서 월요병을 완화해줄 것이다.

"힘들게 입사했는데 벌써 그만두려 하다니!" 신입사원들은 엄청난 경쟁을 뚫고 어렵사리 입사한다. 대기업이나 중견기업, 공공기관 그리고 중소기업을 묻지도 따지지도 않고 취업하는 그 자체가 축복인 시대다. 실력과 스펙이 뛰어난 젊은이들과 고학력 졸업자는 갈수록 늘어나는데 좋은 일자리는 쉽게 증가하지 않는다. 해외로 사업장을 옮기는 기업체도 많고 과거처럼 성장 일변도의 경제 구조가 아니기 때문이다. 2020년 1월부터 시작된 코로나바이러스 사태는 현재도 끝날 조짐이 안 보인다. 안타깝지만 이런 상황은 취업 경쟁을 더 심화시키고 실업률은 증가할 것으로 보인다. 젊은 세대들에게 어려움이 가중되고 있다.

그런데 앞뒤가 안 맞는 현상이 벌어지고 있다. 이렇게 힘들게 취업을 한 신입사원들이 조기 퇴사하는 경우가 너무 많다는 것이다. 2020년 1월 취업 포털 '인크루트'가 직장인 1,831명을 대상으로 '첫 직장 재직 여부'를 조사했다. '재직 1년 미만' 퇴사자 비율이 30.6%로 가장 높았고, '재직 1년 이상~ 2년 미만' 퇴사자는 29.7%, '3년 미만' 퇴사자는 15.4%로 집계됐다. 그럼 3년 안에 퇴사한 비율이 무려 75.6%, 신입사원 4명 중 3명이 3년 안에 퇴사했다는 말이다. 한국경영자총

협회의 2016년 신입사원 채용 실태 조사를 보면 대졸 신입사원의 1년 내 퇴사 비율은 매년 증가 추세를 보였다(2012년 23.6%, 2014년 25.2%, 2016년 27.7%). 1년 이내 퇴사가 30%에 달하면서 매년 증가 추세를 보이는 원인이 무엇일까? 직장인들의 근속이 불안정한 상태로 가고 있다.

신입사원들에게 입사 1년 동안 도대체 어떤 일이 벌어지는 걸까? 그리고 3년 이내에는 4명 중 3명 이상이 그만둘 정도인데 그들은 어떤 장애물에 부딪히는 걸까? 결국 절반을 훨씬 넘는 직장인들이 회사에서 고민과 번뇌 속에 있다고 추정해볼 수 있다.

설문 조사들이 보여주는 주요 퇴사 이유는 다음과 같다.
1) 대인관계(동료와 상사)의 어려움
2) 적성에 안 맞는 직무/업무 불만족
3) 근무 시간과 근무지에 대한 불만
4) 낮은 연봉, 열악한 근무 환경

이 내용은 자주 거론되는 대표적인 원인 맞다. 그런데 이 이유는 예전에도 항상 있었던 부분인데 요즘처럼 취업이 어려운 시기에 퇴사를 불사하는 데는 숨은 이유가 더 있는 듯하다. 아래 두 가지 이유가 퇴사율 증가에 영향을 미치는 것으로 보인다.

5) 인력 시장의 수요 공급 문제

요즘 인력시장에서는 공급(취업준비생)이 수요를 훨씬 초과하다 보니 기업들이 젊은 인력을 쉽게 뽑고 쉽게 내보내는 경향이 있다. 꼭 필요한 인력을 신중히 예측해 선발하고 일단 선발했으면 끝까지 함께 가는 모습이 필요한데 취업준비생들이 넘쳐나다 보니 이런 현상이 생기는 듯하다.

6) Z세대/밀레니얼 세대 특성과 권위주의 문화

밀레니얼 세대(1982년 이후 출생자)와 Z세대(1995년 이후 출생자)는 자신의 업무에 대한 자율성과 자유를 원하고, 특히나 Z세대는 완벽 추구를 시대에 뒤떨어지게 느끼는 성향도 있다고 한다. 그러나 기업 조직 문화는 아직 보수적인 곳이 많고 권위주의적인 상사들도 많다. 이런 환경에서 사회초년생들의 갈등이 커지고 조직 적응을 어려워하는 부분이 있는 듯하다.

대기업의 경우, 밖에서 바라본 기업 이미지와 조직 문화는 세련되고 멋져 보이지만 조직 내부로 들어가면 신입사원들 생각과 매우 다를 수 있다. 강도 높은 업무, 치열한 경쟁, 권위적인 조직 문화, 그리고 싫어하는 상사를 만나는 경우 등 여러 장애물에 부딪힌다.

중소기업에서는 또 다른 어려움이 추가될 수 있다. 열악한 연봉과 복리후생, 입사 후 연봉과 복리후생 조건이 면접 당시와 다른 황당한 경우도 발생한다. 업무가 경력 관리에 도움이 될 것 같지 않아서 미래를 걱정하는 일도 발생한다.

이렇게 직장인들을 힘들게 하는 여러 가지 장애물이 존재하지만, 이 직과 퇴사는 신중히 생각해야 한다. 만약 회사가 부당한 인사 조처를 반복한다거나 근로계약 과정에서 거짓말을 하는 경우 또는 불법적인 일을 시킬 때는 바로 그만두는 것이 맞다. 그런 회사라면 오래 있어 봐야 도움이 되지도 않을뿐더러 결국 안 좋은 기억만 남기고 그만두 게 될 것이기 때문이다. 하지만 그런 경우가 아니라면, 예를 들어 직속 상사와 궁합이 안 맞는 경우, 하는 일이 전공이나 적성과 안 맞는 경 우, 경력 관리가 안 되어 미래가 불투명한 이유라면 바로 그만두지 말 고 뜸을 좀 들이는 것이 어떨까? 왜냐면 회사에 적응해 가면서 다른 기회를 엿볼 수 있기 때문이다. 회사들은 매년 조직 개편을 하고 인사 이동이 있다. 여러분 직속 상사가 얼마 후 바뀔 수도 있다. 여러분이 인사 부서와 상담해 경력 관리에 적합한 부서로 이동해달라고 할 수 도 있다. 내년에 정말 원하던 부서나 팀으로 옮겨 갈 수도 있다. 해외 주재원을 선발하는 공고문이 붙거나 새로운 테스크포스팀 인원을 차 출할지도 모른다. 회사 조직이 계속 현 상태를 유지할 거로 생각하는 초보 직장인이 많겠지만 사실 자주 바뀐다. 심지어 급작스레 대표이 사가 바뀌는 일도 있다. 대표이사가 바뀌면 전체 조직이 요동친다. 꾸 준한 성실성으로 좋은 평판을 유지하면서 시간을 좀 가지고 변화를 모색해보시기 바란다.

매 1~2년 단위로 회사를 옮겨 다니면 처음 두세 번은 괜찮을 수 있 다. 하지만 계속 그런 식으로 이력서가 복잡해지면 나중에 이직하려 는 회사에서 좋게 보지 않을 것이다. 평생 직장은 없어진 지 오래됐지 만, 너무 잦은 이직이 바람직한 건 아니다. 『1만 시간의 법칙』(이상훈

저)이란 게 있다. 한 분야에서 전문가로 인정받으려면 최소 1만 시간의 효과적이고 집중적인 노력이 필요하다는 내용이다. 하루 6시간 투자한다고 가정하면 약 5년의 훈련이 필요하다. 한 직장에서 5년 정도 근무를 해야 어느 정도 경험을 쌓고 전문가가 될 수 있다. 5년 이상 근무하면 회사와 동종업계에 인적 네트워크도 형성된다. 이직할 때 동종업계에서 스카우트 기회가 올 수도 있다.

높은 경쟁률을 뚫고 입사한 직장인 여러분, 이직은 내년에 다시 생각해보시기를 바란다.

8. 가슴엔 늘 사표를 품다가

우리는 '사표를 내다.' 또는 '사표를 제출하다.'라는 표현보다 '사표를 던진다.'라는 표현에 왠지 더 친숙하다. '사표 던졌어.'라는 말이 더 자연스럽게 들린다. 아마도 '던졌다'라는 표현이 참다 참다 폭발하여 제출할 수밖에 없는 그 순간의 느낌을 잘 드러내기 때문이리라. 이 말 속에는 이제 물은 엎질러졌고 주워 담을 수 없는 상태가 됐음도 암시한다. 사표를 지니고 다니는 직장인들이 있다고 한다. 여차하면 던지겠다는 결기인데 꼭 그렇게 하지 않아도 회사 PC에서 바로 출력하면 된다. 괜히 간직하고 다니면 마치 주문이 스며 있는 부적처럼 자꾸 퇴사를 부추길지도 모른다.

김 대리는 "이제 더는 회사에서 버틸 수 없어, 오늘 사직서를 던져야지."라고 생각하고 써 놓았던 사직서를 출력한다. 퇴근 직전 부장에게 사직서를 제출하려고 한다. 사직이 불가피한 100가지 이유가 김 대리 머릿속에서 맴맴 돌고 있다. 하지만 김 대리는 흥분 상태에서 정말 중요한 사항들을 미처 체크 못했을 가능성이 있다. 일단 사직서를 제출하면 돌아올 수 없는 강을 건너는 것이므로 신중하게 움직일 필요가 있다. 아래 항목들을 확인한 후에 사표를 던지기 바란다. 과거에는 사표가 반려되는 경우도 많았다. 회사와 상사가 직원에게 끝까지 같이 가자고 삼고초려 하는 황송한 일도 있었다. 하지만 요즘은 수많은 능력자가 실업자로 대기 중이다. 회사 경영 환경도 만만치 않다. 사표가 반려될 가능성은 적다.

첫째, 사직하려는 원인이 회사에 있나? 혹시 내게 문제가 있는 건 아닌가?

급여가 너무 낮거나 회사가 비윤리적인 일을 시키거나 직원에게 거짓말하는 경우는 사직을 고려할 이유가 된다. 김 대리가 참고 지내더라도 상황이 개선되거나 바뀔 가능성이 없다면 사직을 준비한다. 하지만 사직의 이유가 나 자신의 문제라면? 예를 들어 내가 업무 역량이 부족하여 상사에게 인정을 못 받고 있다거나 성실하지 못하여 진급이 안 되는 것이라면 이직한다 해서 문제가 해결되는 건 아니다. 이직하더라도 비슷한 문제가 계속 발생할 수 있다. 사직을 생각하기보다 내 역량 개발과 태도 개선에 대해서 고민해보는 게 먼저다.

둘째, 사직서 제출 전 이직할 곳을 정해 놓아야 한다.

사직서 제출 전 김 대리는 틈틈이 이직할 회사를 알아봤다. 현 회사에서는 업무 역할이 마음에 안 들고 같은 일을 5년간 해왔는데 경력 관리에 도움이 되지 않는 것 같다. 단기간에 업무 역할이 바뀔 가능성도 없어서 낙담하고 있었다. 김 대리는 현 직장보다 나은 기회가 있음을 발견하고 후보 회사에 이력서를 제출한 후 입사 승낙을 받아둔다. 이렇게 사직하려면 이직할 곳을 준비해 둬야 한다. 사직한 다음에 여유 있게 직장을 알아보겠다는 생각은 위험하다. 사직한 후 경기가 나빠지고 경력직 뽑는 회사가 사라질 수 있다. 재취업이 장기간 안 되면 다급한 마음에 적성과 안 맞는 직장에 들어가거나 철저한 준비 없이 다른 길을 택함으로써 후회하는 일이 생길 수 있다. 시간을 좀 가지고 철저한 사전 조사와 준비가 필요하다. 사전 탐색하다 보면 이직 시장의 수요와 공급 상황도 알게 되고 스스로 사직을 철회할 수도 있다.

셋째, 이직할 회사에 대해 깊게 파악한다.

이직을 원하는 회사가 있다고 치자. 실제 그 회사 안으로 들어가 보면 예상치 못한 많은 어려움과 장애물에 부딪힐 수 있다. 사람도 그렇지만 회사도 겉만 보아서는 모른다. 직접 경험을 해봐야 알 수 있는 것들이 많다. 1차 서류심사를 통과해 면접할 때부터 그 회사에 대해 깊게 알아봐야 한다. 채용 사이트에서 면접자들과 그 회사 직원들의 관련 글 찾아보기, 그 회사를 잘 아는 지인의 의견 들어보기, 그 회사와 같이 일해본 동료 얘기 청취 등을 시도한다. 면접하러 가서는 회사의 분위기, 면접자 태도, 맡게 될 직무 내용, 같이 일할 상사가 어떤 사람인지 잘 살펴봐야 한다.

넷째, 사직서 제출 전 상사와 고민거리를 얘기해보자.

사직서 제출 전 상사에게 고민을 털어놓고 상담해 보자. 상사와 허심탄회하게 얘기할 분위기였으면 애초에 사직하지도 않을 거라고 말할 사람도 있을 것이다. 아예 대화가 안 된다면 할 수 없다. 만약 직속 상사와 대화가 안 된다면 혹시 차상급 상사나 인사 팀장과 상담해보면 어떨까? 아니면 직속 상사에게 영향력이 있는 선배 직원과 이야기해볼 수 있다. 사직 원인과 상황에 따라서 다르겠지만 혹시 상담을 통해서 고민이 해결될 가능성이 있는지 점검해보자. 사직서를 제출할 정도의 용기라면 그 어떤 사람과 면담을 못 할까?

다섯째, 회사 내에서 조직 이동도 생각해본다.

다른 회사로 옮기는 것은 항상 위험이 도사린다. 현 회사와 조직 문화도 다르고 일하는 방식도 다를 것이다. 텃새나 끼리끼리 문화도 있다. 새로운 상사, 동료들과 사귀고 호흡을 맞춰야 하는데 어디서 불쑥 꼰대 상사나 이상한 동료가 튀어나올지 모른다. 차라리 지금 회사 안에서 내가 원하는 직무에 맞는 부서가 있는지, 옮길 수 있는지 확인해보자. 새로운 테스크포스팀이 생긴다거나 평상시 내가 눈여겨본 인접부서 팀장에게 접촉을 시도해볼 수도 있다. 회사에 따라서는 국외법인이나 지방 사무소 발령, 자회사 파견도 검토해볼 수 있다.

사직서를 출력하기 전에 위 항목들을 점검해보고 움직이기를 권한다.

직장인은 누군가의 부하직원이면서 동시에 누군가의 상사다. 여러분이 부하직원으로서 느끼고 있는 어려움과 애환만큼 상사가 되면, 또는 현재 상사로서 부하직원들을 잘 대해 주시기 바란다. '상사 관리'를 잘하는 부하직원이 상사가 된다면 틀림없이 역량 있고 존경받는 상사가 될 것이다. 왜냐면 상사의 관점에서 생각하는 훈련을 많이 할수록 부하직원 관점에서도 역지사지할 수 있기 때문이다. 부하직원 처지에서 생각해보는 태도는 그들과 좋은 관계를 구축하는 원동력이 된다.

중간 관리자란 보통 과장에서 부장급 직장인을 말하는데 때에 따라 대리급이나 임원급도 해당한다. 이들은 조직 내에서 중간 고리 역할을 하는 핵심 직장인이다. 위에서 내려오는 각종 정보와 지시 사항을 필터링하여 아래로 전달하고 부하들의 보고와 요구사항을 위로 전달하는 다리 역할을 한다. 따라서 조직의 원활한 커뮤니케이션과 업무성과의 상당 부분은 이들에게 달려 있다. 조직에서 중간 관리자로 확고한 위치를 점하려면 상사로부터 인정받는 동시에 부하직원들로부터 신뢰를 받아야 한다. 부하직원들이 상사를 신뢰하지 않고 따르지 않는다면 상사는 아무 일도 할 수 없다. 상사의 업무성과는 부하직원들의 업무 태도와 역량에 달려 있다. 상사가 얼마나 부하에게 의존하고 있는지 부하직원들은 잘 모른다. 중간관리자는 좋은 상사, 역량 있는 상사로 부하들에게 인정받아야 한다. 그럴 때 부하직원들이 상사를 따르고 적극적인 업무 태도를 보인다.

그럼 어떻게 해야 부하직원들에게 인정받을까?

첫째, 경영진과 차상급 상사에게 인정받는 모습을 보여야 한다. 부하직원들이 볼 때 상사가 사람 좋고 마음에 들더라도 윗선으로부터 인정을 못 받고 있다면 잘 따르려 하지 않을 것이다. 상사가 경영진의 인정을 못 받고 있으니 사내 영향력도 떨어질 것이라고 짐작한다. 예산 끌어오기, 중요 프로젝트 추진에 대해 경영진 승인받기, 그리고 인적, 물적 지원 능력 등이 떨어질 수 있다. 부하직원들이 굳이 그에게 인정받으려고 행동하지 않을 것이다. 부하에게 인정받는 상사가 되려면 먼저 윗선으로부터 인정받는 모습을 보여줘야 한다.

둘째, 업무 역량과 전문성이다. 상사로서 부하직원들이 신뢰할 정도의 업무 능력을 보유하는 것이 중요하다. 상사에게 배울 게 없다면 부하직원들이 상사를 존경하거나 따르지 않는다. 상사에게 적극적으로 다가가지 않으려 할 것이다.

셋째, 존경받는 상사가 되기 위한 5가지 방법을 정리하니 실천해보기 바란다. 현장 경험을 토대로 부하직원들이 상사에게 바라는 바람직한 행동을 선별해봤다.

1) 부하직원에 대한 명확한 역할 부여와 업무 지시
2) 적절한 업무 위임을 통한 자율성 부여
3) 칭찬과 인정
4) 경청
5) 화난 상태에서 말하지 않기

상기 1) '명확한 역할 부여와 업무 지시', 2) '적절한 업무 위임'은 부하직원들에게 자율성을 부여하고 자발적 업무 몰입을 유도하기 위해 매우 중요한 부분이다. 상사가 매번 "오늘까지 이거 해라, 내일까지 저거 해라." 식으로 즉흥적이고 단편적인 업무 지시를 하면 일하기 매우 싫어진다. 여러분 모두 공감할 것이다. 그 기분이 어떤지. 그 일을 왜 하는지도 모르고 일을 하게 된다. 이러면 부하직원은 수동적으로 일하게 된다. 상사의 올바른 업무 지시와 적절한 업무 위임만이 부하의 주도적인 업무 태도를 끌어낸다.

바르게 업무 지시를 하려면 상사가 사전에 일의 목적과 내용을 파악하여 어떤 일을 어디까지 시킬지 미리 그려 봐야 한다. 이런 과정 없이 즉흥적으로 지시하면 부하직원들도 부실한 지시를 몸으로 느낀다. 일을 지시할 때는 그 일의 목적과 내용, 그리고 업무 범위에 대해 정확히 알려줘야 한다. 다음으로 업무 위임을 통해서 부하직원이 자율적으로 일의 우선순위와 일정을 정하고 스스로 마무리하도록 한다. 물론 부하직원이 일 처리 역량이 있을 때 그렇게 한다. '위임'은 동기 부여를 위한 강력한 수단이다. 금요일 오후에 상사가 갑자기 불러 "월요일 아침까지 이거 처리해서 보고해주세요." 같은 지시는 직원을 무기력하게 만든다.

넷째, 똑똑한 부하직원을 채용하자. 부하직원을 뽑을 때 자기보다 덜 똑똑해 보이는 직원을 선택하는 사람들이 있다. 경쟁력 있는 부하에게 추월당하거나 자기 역할을 잃을 것 같은 걱정에 그러는 것 같다. 이런 행동은 자기에게 자해를 하는 것이다. 부하직원들의 직무 역량이 떨어지다 보니 조직성과가 떨어지게 된다. 당연히 상사에 대한 회사 평가도 나빠질 것이다. 반면 똑똑한 부하들을 뽑은 부서는 그들의 업무 역량과 내부 경쟁을 통해서 높은 성과를 올리고 앞으로 치고 나간다. 그들은 합리적 상황 판단을 통해 상사를 돕고 협력하는 포지션을 취할 줄 안다. 상사도 역량 있는 부하직원으로부터 자극받고 자기계발과 발전을 꾀할 수 있다. 저명한 리더십 전문가마다 자기보다 똑똑한 부하를 뽑아서 잘 지원해주라고 충고하는 이유다.

부하직원이면서 상사인 여러분이 멋진 중간 관리자로 인정받는 방법에 대해 알아봤다. 여러분이 이미 잘하고 있고 강점을 가진 내용도 있을 것이다. 그런 부분들은 조금 더 벼리고 부족한 항목이 있다면 보완해보시기를 권한다.

상사와 부하직원 모두에게 신뢰받는 멋진 중간 관리자가 되시길 바란다.

꼴 보기 싫은 상사와 그럭저럭 잘 지내는 법

대한민국 직장인들의 행복한 하루하루를 응원합니다.

이 책은 열심히 일하는 직장인들의 행복한 직장 생활을 위한 지침서라 할 수 있다. 상사의 관점에서 생각해보는데 익숙하지 않은 수많은 직장인을 위해 '상사 관리'란 무엇인지 설명하고 있다. 중요 부분을 세 가지로 요약하면 다음과 같다.

첫째, 직장에서 '일을 잘한다.'라는 의미는 무엇인가? '일 잘하는 사람'이란 어떤 사람을 말하는 것인가? 일을 잘한다는 것은 상사로부터 인정받는 것을 말한다. 조직에서는 상사가 인정해주지 않으면 소용없기 때문이다. 회사는 많은 사람이 모여 목표를 달성하기 위해서 함께 일하는 곳이다. 나 자신이 일 잘한다고 느끼는 것은 의미가 없다. 상사가 나(내 능력, 태도)에 대해 어떻게 인지recognition하고 있느냐가 오직 '사실fact'일 뿐이다.

둘째, '상사 관리'란 무엇인가? 성공하는 회사는 고객을 만족시키고, 성공하는 직장인은 상사를 만족시킨다. 많은 직장인이 회사 생활을 하면서 상사의 성향이나 의도에 신경 쓰지 않는다. 의식적으로 상사를 외면하기도 한다. 하지만 상사와 적절한 관계를 주도적으로 유지하려면, 그리고 상사에게 인정받기 위해서는 그에게 관심을 기울이고 뭘 좀 알아야 한다. '상사 관리'란 부하직원이 상사로부터 신뢰를 얻고 인정받기 위해 취하는 선제적 행동으로서 상사의 특질과 니즈를 파악하고, 상사에게 적시에 필요한 니즈를 충족시켜주는 행동이다.

셋째, '상사 관리'를 실천하기 위한 상사 관리 프로세스는 다음과 같다. 먼저 부하직원은 상사의 특질을 파악해야 한다. 상사의 특질에는 개인적인 특질(성격, 가치관)과 업무적인 특질(업무 스타일)이 있다. 다음으로 내부 환경 요인(회사 상황)과 외부 환경 요인(시장 상황, 경쟁자 현황, 기술적, 법적 환경 등)을 살펴본다. 이렇게 상사 특질과 회사 내/외부 환경을 살펴보면 여러분은 상사의 요구를 파악할 수 있게 된다. 니즈를 파악하면 이에 따라 부하직원은 적절한 맞춤 행동을 구사할 수 있고 이런 행동이 쌓이면 상사 만족도는 증가한다. 만족도가 증가하면 상사는 부하를 신뢰하고 인정하게 된다.

이 책은 실무 현장에서 발생하는 상사와 부하직원 간 상호작용 사례를 중심으로 설명함과 동시에, 국내에서 체계적인 연구가 미진한 '상사 관리'에 대한 개념을 체계화하고자 했다. 상사 관리 프로세스의 일반화를 시도했다. 부하직원도 상사에게 리더십을 행사할 수 있다. 리더십이란 꼭 상사가 부하에게 행사하는 것만은 아니다. 리더십은 특정 목표 달성을 위해 타인들에게 영향력을 행사하는 과정이라고 정의된다. 리더란 타인에게 영향을 끼치는 사람을 말하는 것이지 지위가 높은 사람을 지칭하는 건 아니다. 부하직원은 상사의 성공을 도와주고 약점을 보완해주는 리더십을 행사할 수 있는 것이다.

상사와 부하직원은 매일 얼굴을 맞대고 생활하는 가까운 관계다. 하지만 갈등과 애증의 관계이기도 하다. 가까운 가족 간에도 갈등과 오해가 있기 마련인데 나이가 들어서 만난 상사라면 오죽하겠는가? 부하직원이 진심으로 상사를 멀리하기 시작하면 상사의 생각과 의도를 읽을 수 없는 시각 장애인이 된다. 이런 상태에서는 일의 성과를 창출하기 어렵고 열심히 일해도 상사로부터 인정받기 어렵다. 직장 생활을 오래 하려면 갈등 관계 속에서도 서로 협력하는 동반자적 태도를 견지할 필요가 있다.

여러분 상사도 바뀔 것이다. 조직에서 영원한 것은 없지 않은가? 여러분도, 그리고 상사도 언젠가는 떠나갈 것이다. 인연이 맺어진 짧은 시간 동안 도움을 주고받는 조력자가 되면 좋겠다. 세상 모든 일은 마음먹기 달렸다. 마음에 드는 좋은 상사를 만났다면 정말 감사할 일이다. 만약 싫은 상사를 만났다면 무조건 멀리하지 말고 한 인간으로 대하기 바란다. 친한 친구나 동생이 되지는 못해도 업무상 조력자가 된다면 상사로부터 인정받고 행복한 직장 생활이 펼쳐질 수 있다.

『달라이 라마의 행복론』에 인간관계에 대한 좋은 통찰이 있어 소개하며 이 글을 마친다. "다른 이들을 볼 때 긍정적으로 보며, 늘 나와 공통된 점, 서로 연결된 것들을 발견한다." 우리는 변치 않는 관계를 만들기 위한 달라이 라마의 방법을 생각하게 된다. 그것은 애정과 자비심을 갖고, 인간 존재로서 서로를 존중하는 마음을 갖고 관계를 맺는 일이다. 그럴 때 우리는 연인이나 배우자뿐 아니라 친구와 친척, 낯선 사람과도 깊고 의미 있는 관계를 맺을 수 있다. 이것은 다른 사람과 연결될 수 있는 무한한 가능성이며 기회인 것이다.(달라이 라마/하워드 커틀러 지음, 류시화 옮김)

꼴 보기 싫은 상사와
그럭저럭 잘 지내는 법

초판 1쇄 발행 2021년 2월 22일

지은이   안우광

편집   김유정
디자인   문유진

펴낸이   김유정
펴낸곳   yeondoo
등록   2017년 5월 22일 제300-2017-69호
주소   서울시 종로구 부암동 208-13
팩스   02-6338-7580
메일   11lily@daum.net

ISBN   979-11-970201-5-5 03320